어머니의 등불

현 대 수 필 가 100인선❷ · 32

어머니의 등불

권남희 수필선집

수필과비평사 · 좋은수필사

■ 책머리에

수필은 누구나 부담 없이 읽고, 마음만 먹으면 직접 쓸 수도 있는 가장 친근한 문학이다. 다른 영역의 문학이 영상매체에 밀려 신음하고 있는 중에도 수필 인구만은 날로 증가하여 바야흐로 수필 전성시대를 구가하고 있는 이유도 거기에 있을 것이다.

시대적 추세에 힘입어 수많은 수필전문지, 수필동인지가 창간되고, 이에 비례하여 신진 수필가도 날로 늘어나다 보니 이제는 그 많은 작가, 그 많은 작품 중에서 문학성 높은 작품을 가려 읽는 일이 쉽지 않게 되었다. 이런 현상은 작가에게나 독자에게나 결코 바람직한 일이 아니다. 더 나아가서는 수필을 연구하는 후세들에게도 큰 부담이 될 것이다.

이런 문제를 해결하는 데는 출판인도 마땅히 한몫을 감당해야 한다는 평소의 소신에 따라, 본사가 기꺼이 그 역할을 맡기로 했다. 그 첫 번째 사업으로 시대를 대표할 만한 수필가 100인을 선정하고, 작가가 자선한 40편 내외의 작품을 수록한 문고본을 발간하여 이를 널리 보급함으로써 그 소임을 다하고자 한다.

본사는 사명감을 가지고 이 사업을 추진해 나가기로 했다. 작가 선정을 전담할 편집위원회를 구성하고 전권을 위임하여 일체의 사적인 정실이나 청탁을 배제함으로써 전문성과 공정성을 확보해 나갈 것이다.

따라서 이 기획물 속에는 작가의 문학정신뿐만 아니라, 본사의문학사적 기여 의지와 편집위원 제위의 수필문학에 대한 애정과 문인으로서의 양심이 함께 담겨 있음을 자부한다. 다만, 작가를 선정하는 기준에는 많은 견해의 차이가 있을 수 있고, 선정 과정에서도 미처 챙기지 못한 부분이 있을 것이라는 사실만은 인정하지 않을 수 없다. 이 점에 대해서는 관계자 여러분의 양해 있으시기 바란다.

이 시리즈의 발간 순서는 작가, 또는 본사의 사정에 의한 것일 뿐 그 밖의 어떤 기준도 적용하지 않았음을 밝힌다.

본 기획물이 시대를 초월한 많은 수필 애호가들의 관심과 애정 속에 우리나라 수필문학 발전에 한 이정표가 되기를 바랄 뿐이다.

본사에서는 이상과 같은 취지로 ≪현대수필가 100인선≫ 전 100권을 완간하여 큰 반향을 불러일으킨 바 있다.

그러나 우리 수필문단의 규모나 수필문학의 수준에 비추어 선정 작가를 100인으로 한정하는 것은 형평성이나 효율성 면에서 크게 부족하다는 의견이 많았고, 본사 또한 이를 통감하던 터라 기꺼이 ≪현대수필가 100인선 Ⅱ≫를 발간하기로 했다.

본사의 충정에 찬동하여 출판에 응해주신 저자 여러분에게 감사한다.

2014년 9월

수필과비평 · 좋은수필 발행인 서정환

현대수필가 100인선 간행 편집위원 박재식 최병호

정진권 강호형

오세윤

| 차례 |

1_부 포도알의 수를 기억해야 하는가

2_부 눈사람

3_부 양파 까는 날

4_부 나도 출근한다 왜

1부

못을 뽑다
포도알의 수를 기억해야 하는가
꽃춤
아버지의 삽
길
끈
고향 가는 길
내 마음의 나무
어머니의 등불
구토

못을 뽑다

벽이 갈라진다. 너무 큰 못을 벽에 겨누고 두드려 박은 것이다. 오래된 벽이 더 이상 감당할 수 없다는 것을 왜 깨닫지 못했을까. 새해 아침부터 못 박을 곳이 없나 벽을 바라보다 일을 냈다. 집안 곳곳에는 못을 박고 뽑아낸 흔적과 새로 박은 못들이 많다. 벽은 이미 간격 조정을 할 수 없을 만큼 박힌 못으로 가득 찬 느낌이지만 미처 비명 지를 틈도 주지 않고 대못을 박기 시작한다. 못 박히는 소리는 온 집안을 울리고 아래위층까지 대못 치는 소리가 퍼져 나간다. 망치 소리는 내 팔을 따라 몸 안으로 돌아다니며 진동 하다가 머리까지 흔들기 시작한다. 잠시 숨을 고른다.

새집을 계약하고 이사했을 때 벽들은 얼마나 순결했던가. 저 눈밭에 사슴이라더니 벽들은 손대면 절대 안 될 것처럼 잡티 하나 없는 뽀얀 얼굴로 우리를 맞이했다.

하얀 실크벽지로 마감한 그 우아함에 매혹당해 벽을 보고 맹세를 했다. 오래도록 벽의 순결함을 지켜주고 그 어떤 상처도 내지 않을 것이라고. 아주 작은 못조차 박는 일을 스스로 용서하지 않을 것처럼 벽을 바라보면서 행복한 상상까지 했다. 이 벽은 앙드레 지드나 모파상, 화가 파울 클레가 드나들며 영감을 얻었던 튀니지 시디부 사이드의 카페 드나트 하얀 집처럼 행운을 불러올 것이라고……. 지중해를 연상시키는 쪽빛 그림의 커다란 액자를 건 다음 아무 것도 걸지 않았다. 대부분 액자는 조심스럽게 벽에 기대어 두거나 창고에 넣어두었다. 꼭 걸어두고 싶은 그림이 있을 때는 벽과 얼마나 조화를 이룰까 간격을 재고 망설이기를 수없이 하며 벽을 아꼈다. 벽이 다칠까봐 늘 조심조심 바라보기만 했기에 벽은 한동안 그 존재만으로 충분한 사랑을 받았다.

한 해 두해 지나면서 슬슬 못을 찾기 시작했다. 벽을 위한 순결서약서는 지킬 수 없는 약속이었다. 지쳐가던 나는 지루하다는 핑계를 댔다. 아무 것도 걸어둘 수 없는 벽은 바보 같고 할 말 있는 것들이 그동안 참을 만큼 참았다고 얼굴을 내밀었다. 수많은 사람들이 남긴 낙서로 가득한 술집의 벽은 예술성을 얻는 경지인데, 아무도 찾지 않는 벽은 이기적일 뿐이었다. 시간이 흐를수록 벽엔 음식물이 튀고 먼지가 내려앉고 누렇게 바래 더 이상 우아하지도, 순결하지도 않았다. 더러워진 벽을 가린다며 우리는 각자 젊은 날 받았던 상장부터 갖가지 걸개액자를 꺼내어 걸기 시작했다. 벽을 함부로 다룰수록 못이 수시로 박혀 벽이 흔들렸다. 거실에, 안방에, 점점 더 많은 액자, 더 큰 액자가 걸리는 날은 대못이 벽에 박혔다.

벽은 못을 거부하는 것으로 말을 하고 새해 아침 못 박는 소리가 거슬렸는지 남편은 정초부터 왜 못을 박느냐고 불평을 한다. 그의 소리를 무시한 채 못을 더 세게 두드리다 문득 남편에게 하지 못하는 말을 못 박기로 대신하고 있는 자신을 깨닫는다. 그와 나의 관계도 그렇게 서로에게 못 박기나 하다가 가슴은 점점 멀리 갈라져 나가고 있음을 느낀다.

처음 만남을 시작했을 때, 사랑을 키워나갈 때 우리는 상대를 배려하는 말만 해주고 마음 상할까봐 참아주고 기다려주며 노력했었다. 새로 사들인 화초에 정성을 들여 꽃을 피우는 것처럼 언제나 꽃을 피우고 가꾸는 일에 몰두했다.

어느 순간 서로가 주는 덕담 한마디에 환호하고 아끼는 마음으로 바라보는 시간이 사라졌다. 마음은 투박해진 채 허물이 없어졌다는 핑계로 못 박는 말을 서슴지 않는다. 서로는 못이나 박는 벽이 되어주고 상처받은 벽은 비명을 지르며 여기저기 뚫린 구멍으로 담아 둘 수 없는 말들을 쏟아놓기도 한다. 벽은 더 이상 행복을 주지 않고 카페 드나트처럼 영감을 주지도 않는다. 보고 싶지 않고 듣고 싶지 않을 때 벽에게 못질을 시작하는 것이다. 못 박힌 채 더렵혀진 벽은 자꾸만 부스럭거리고 있다.

우리는 못이 뽑히지 않아 견딜수 없는 아픔이 밀려들 때 서슴지 않고 서로에게 더 큰 못을 박았다. 너무 큰 못을 견디지 못하고 갈라진 벽을 어루만진다. 계속되는 못질로 믿음을 잃은 벽, 이곳 저곳의 균열은 벽 안에 갇혀있다가 한 방에 끝내 무너질 수도 있을 것 같다.

이제 나는 못 박기를 그만두어야 한다고 생각한다. 장도리를 살펴본다. 박기 기능도 있지만 못을 뽑을 때도 필요한 장치가 있다. 오늘 그동안 박았던 못을 뽑는 일부터 해야 할 것 같다.

작가메모: 나에게는 콤플렉스가 있습니다. 무엇이든 일목요연하게 정리를 하지 못하고 관리를 못한다는 죄책감입니다. 그것은 이사를 다닐 때마다 벽을 보면서 점점 더 심해집니다. 새집으로 처음 이사할 때는 항상 맹세를 합니다. '절대 벽을 더럽히지 말자!' 하지만 약속은 잘 지켜지지 않습니다. 시간이 흐르면 벽은 점점 먼지와 오물로 더럽혀지고 색깔도 바랩니다. 그러면 자포자기한 채 벽을 아끼던 마음은 사라지고 아무렇게나 못을 박고 벽을 홀대합니다. 점점 못이 많이 박히고 걸리는 액자도 많아지고 구멍 뚫린 벽을 외면합니다.

어느 날 집안 곳곳에 못이 너무 많이 박혀 있다는 것을 깨달았습니다. 이상하게 가슴이 아팠습니다. 벽이 내 가슴처럼 느껴져 미안했습니다. 사람이나 물건이나 무엇이든 관계가 헐거워지고 익숙해지고 편안해지면 그때부터 방심을 한 채 언동을 함부로 하기 시작합니다. 관심은 줄고 요구만 많아진 채 사랑을 잃은 벽은 피폐해져 무너지고 말겠지요. 오래된 관계일수록 큰 못을 박으며 자극을 주지 못해 안달하는 것을 느낍니다. 편안한 것은 좋지만 무덤덤해진 채 사랑은 없고 서로에게 장벽 같은 벽이 된 채 구멍을 남기는 그런 관계가 슬퍼지는 시간을 만났습니다.

포도알의 수를 기억해야 하는가

포드 한 송이를 놓고 들여다보다가 포도알이 몇 개나 달려 있는지 세어본다. '몇 개 달려 있는지 세어본다는 것도 쓸데없는 일인데 게다가 바로 잊어버릴 숫자이지 않은가. 왜 이러지? 기억의 천재 푸네스가 되려나…….' 그런 생각으로 포도알 세기를 포기한 채 포도를 먹기 시작한다.

아르헨티나 소설가 보르헤스는 단편소설 〈기억의 천재 푸네스〉에서 불면증을 앓으며 끊임없이 전 인생을 기억하는 일에 몰입하다 죽은 열아홉 살의 이레네오 푸네스를 묘사했다.

푸네스는 포도나무에 달려있던 잎들과 가지들과 포도 알들의 수를 기억하고, 모든 숲의 나무들 나뭇잎과 그 순간까지 기억한다. 1882년 4월 30일 새벽 남쪽 하늘에 떠 있던 구름들의 형태를 기억하고 있다. 라틴어도 몰랐던 푸네스는 라틴어

사전을 읽고 대화가 아닌 어떤 단락을 통째로 암송한다. 하루 전체를 복원하는 작업으로 하루를 보내느라 그는 잠들지 못한다. 다른 각도에서 거울을 볼 때마다 달라지는 자신의 얼굴을 이해하지 못해 화들짝 놀라는 푸네스의 세계는 풍요롭지만 즉각적으로 인지되는 세부적인 것만 있을 뿐이어서 플라톤적인 생각을 할 수 없는 것이 문제였다.

"나의 기억은 쓰레기 하치장과 같지요." 푸네스는 말했다.

보르헤스는 푸네스를 등장시키면서 기억세포가 끝없이 증식되는 세상이 올 것을 내다본 것일까. 스마트폰의 무한 기억능력을 예견한 것처럼 '기억'해내느라 '불면증'을 앓는 사람에 대한 글을 20세기 초 세상에 내놓은 것이다.

우리는 모두 잠들지 않는 '기억의 천재 푸네스'를 닮은 스마트 폰을 갖고 산다. 언제 어디서나 잠들지 않은 채 저장과 기억의 반복뿐인 기기에 매달린 사람들을 만난다. 모든 정보와 자료들이 수천수만 가지의 형태로 나타나는 기적에 놀라며 검색과 입력, 무한복제와 퍼나르기에 몰입한다.

무슨 이유인지 대용량의 기억 기계 앞에 나의 기억력은 곧 불도저에 뭉크러지고 말 형편없는 모습이다. 이제 무엇이든 굳이 힘들여서 기억하고 생각할 낼 필요가 없다. 나는 아무 생각없이 검색기계에 원하는 식당, 가고 싶은 여행지. 궁금한 인물, 읽고 싶은 책에 관한 단어를 친다. 예전처럼 내 머릿속

뇌의 지도를 꺼내거나 수첩을 열고 이리저리 생각하고 연구하면서 따져보지 않는다. 택시를 타도 기사는 자연스럽게 검색창에 갈 곳을 입력하고 어느 길로 가야 지름길인지 실시간으로 기계가 가르쳐주는 대로 움직인다. 경험이 풍부하다는 의미가 달라지고 있다.

노래방 기계가 나온 뒤 나는 노랫말을 잊어버렸다. 어느 한 구절이라도 암송하느라 애쓰고 곱씹으면서 불렀던 그 노래 맛을 느끼지 못한다는 사실을 고백한다. 총기가 좋다며 어머니 앞에서 노래가사를 들려주던 나의 시간도 묻혀 버렸고 향수와 애절함을 잊은 지 오래이니 모락모락 피어오르던 정감도 가뭇하다. 학생들은 수업 도중에도 스마트폰으로 검색하여 선생에게 틀린 부분을 지적한다. 학생출석부를 받아들고 자기 반 학생들 이름을 외우던 선생님의 기억력은 관심과 사랑이지 않았을까. 더 이상 종이성적표에 점수를 주면서 고민하지 않아도 된다. 기기에 저장하고 불러내고 관리하는 일만 남아 실체가 약한 세상이다. 상처에 아파하고 어른들의 잔소리를 곱씹고 친구를 배려하던 그런 내 인생의 맛은 어디로 간 것일까. 단수숫대를 씹으면서 단물을 삼키고 거친 밀과 질긴 나물을 씹던 튼튼한 나의 턱은 기억을 잃고 바슬거리기 시작한다.

불러내기와 퍼즐 맞추기 앞에 내 상상력은 곧 절단나버릴 모양새다. 기억을 어떤 형태로 빚을 것인가. 작가의 기억력은 기억의 천재 앞에서 새로운 시험대에 올랐다. 작가들의 기억

장치는 효모라도 있는 듯 세상사를 발효시키고 숙성시켜 슬픔까지도 얼마나 아름답게 그려내는 필기도구였던가. 그냥 기억만 해내도 독특하면 대단한 금맥이라도 찾아낸 것처럼 빛을 보고 그 이야기 자체로 사랑받던 기억담이었다.

우주질서까지 상상력으로 버무려내던 작가의 기억력은, 스마트 폰 안에 떠도는 기억의 천재 푸네스 유령들을 치유해야 하는 숙제를 안고 있다. 포도 알이 몇 개나 되는지 집착하는 천재들에게 포도송이마다 하늘이 울다 웃고 비바람이 춤을 추어 포도주가 익어가는 그 시간의 유산을 들려주어야 한다. 우리들은 날마다 수억 건씩 기억되는 부질없음에 보르헤스의 말처럼 쓸데없는 몸짓들을 증식시키지 않을까 두려워하면서 까마득한 현기증을 느껴야 한다.

꽃춤

"환갑잔치 날 받은 사람은 남의 환갑잔치 안 간다는디."

단골에게서 점을 치고 온 게 분명한 어머니의 말투는 강하기까지 하다. 이미 이모부 잔치에 가기로 마음을 굳힌 아버지는 그게 뭐 대수냐는 듯 대꾸도 없이 옷을 갈아입는다. 아버지는 들뜨고 흥분까지 한 얼굴빛으로 이모부 회갑잔치가 벌어지고 있는 월평리로 자전거를 타고 마당을 나선다. 휙 바람이 일었을까, 아버지가 심어 둔 백목련 꽃송이가 투둑 떨어진다. 사람들은, 아버지가 처가 행사에 빠지지 않고 다니는 모습을 안쓰러워한다. 북한에 두고 온 부모형제 보고 싶은 마음에 때마다 얼마나 쉽겠냐는 해설까지 덧붙이곤 한다.

어머니와 함께 도착한 저녁나절의 월평리는 동구 밖까지 잔치 분위기가 넘실거리고 있다. 너른 마당에는 목련꽃 핀 나무 사이로 천막이 몇 개 쳐져 있고 어른 아이 할 것 없이 불빛과 함께 덩실거리고 있다. 백일이 막 지난 아들을 안고 있는 나까지도 어깻짓을 달막대고 이곳저곳을 더덩실 떠다닌다. 흥이 고조된 마당은 술 단지와 통돼지와 노래에 흠뻑 취해 밤을 밝혀야 성이 풀릴 듯싶다. 나는 어울릴 또래를 찾느라 이 방 저 방 기웃거리다 비슷한 또래의 사촌언니, 형부가 무리져 있는 골방으로 자리를 잡아 이런저런 이야기로 시간을 보낸다. 가끔은 시끌시끌한 마당이 궁금하여 귀가 맞지 않아 한쪽으로 일그러진 골방 문틈을 내다본다. 도시에서 만나지 못하는 이런 축제 같은 마당놀이에 가슴이 빼근해짐을 느낀다. 가을 환갑 잔칫날을 받아 둔 아버지도 분명 천막 친 마당놀이를 꿈꾸고 있으리라. 훈감한 집안 풍경에 목말라하는 아버지는 어머니 집안 행사에 빠지지 않고 참석해왔기에 초대 손님은 모두 이모들과 이모부, 사촌, 육촌 등 어머니 친척들일 게 분명하다.

마당으로 고개를 돌리던 나는 갑자기 뭐라 형언할 수 없이 가슴이 미어지는 충격을 받고 만다. 잘 마시지 못하는 술 몇 잔에 휘청거리는 아버지가 보였던 것이다. 못 볼 것을 본 양 고개를 돌리다 나는 다시 아버지를 훔쳐본다. 눈물이 솟아 고개를 돌리고 다시 또 훔쳐보기를…….

하얀 목련꽃 아래 춤 굿이 벌어진 마당에서 난생 처음 춤추는 아버지를 목격한 것이다.

동네 사람들과 이모부와 이모들, 삼촌들이 어우러져 춤을 추는 무리에서 절름거리지 않으려 애를 쓰며 춤을 추는 아버지. 의족을 낀 다리 때문에 깨금 춤인 듯, 동작이 끊어지는 매듭 춤인 듯, 떼춤꾼들 사이에서 비틀거리는 아버지는 한 마리 까치다.

사람들은 노랫가락을 따라 빙빙 돌고 너울춤을 추다 어깨춤을 추고 이모들이 나비춤을 추는 그 밤 귀퉁이에서 아버지의 춤 그림자만 유난히 크게 담벼락 쪽으로 휘청거린다. 한 번도 볼 수 없었던 아버지의 춤, 살풀이춤을 추듯 몸짓하는 아버지의 그림자는 그동안 느낄 수 없었던 슬픔의 일인극을 벌이고 있는 중이다. 안고 있는 아들의 얼굴로 나의 눈물이 마구 떨어져버린다. 나는 아이를 안고 방을 나와 불빛이 없는 곳으로 가 독련꽃 흔들리다 떨어지곤 하는 마당을 바라본다. 가족과 헤어지고 6·25전쟁 중에 다리를 잃었던 아버지의 한이 풀린다면 밤새 아버지의 춤은 이어져야 할 것이다.

그동안 너무 아버지에게 무심했다는 자책이 쇠망치처럼 나의 등을 후려친다. 아버지의 고독에 고개 돌린 채 도망치듯 결혼하여 떠나버렸던 딸이었다. 언제부턴가 아버지는 마지막 같은 이별을 생각한 것인지 모든 시련과 고독을 원고지 몇 권에 담아 나에게 맡겨두었다.

이모부 잔치에서 신명을 풀어냈던 아버지는 집으로 돌아와서 목련나무 아래 줄줄이 국화꽃을 심는다. 마당에서 꽃과 함께 춤을 추며 잔치 한판 벌일 생각으로 여름 내내 얼마나 분주했던가. 하지만 손님들 맞을 방까지 새집 설계도면에 넣고 헌 집을 허물어버리던 날 아버지는 과속 차에 치이는 교통사고를 당해 아버지가 꿈꾸던 시간들은 처참하게 부서졌다.

"이 꽃을 두고 어디 갔단 말여. 조금만 참지, 벽이라도 기대고 살아서 꽃을 봐야지."

어머니는 느닷없는 아버지의 죽음에 충격을 받아 꽃봉오리를 쓸어안고 가을 내내 눈물을 흘렸다. 불길함을 담은 꽃은 모두 뽑힌 채 태워지고 아버지는 당신의 죽음에 꽃을 바치고 고향으로 돌아간 모습이다. 결코 잊지 못하던, 황급히 떠나느라 마지막 인사도 나누지 못했던 첫 부인을 만난다면 걸어줄 꽃목걸이는 챙기신 것일까.

목련꽃 피는 어느 해 4월, 나는 집 마당에 피어있는 목련을 보다가 꽃봉오리가 모두 북쪽으로 향하고 있는 걸 깨닫는다. 애초 북극지방 꽃이었다는 목련이었으니 북향으로 기우는 건 당연한 것을…….

늘 고향을 그렸던 아버지의 춤은 꽃봉오리 속에서 그렇게 살아 있었던 것이다. 흰빛은 꺾음 춤사위로 일렁이고 전장터에서도 한쪽 다리로 살아남았던 용감한 전사, 꽃으로 뒤덮여 떠나버린 아버지가 안타까워 내 가슴속에서는 꽃들이 춤을 추는 계절을 만나곤 한다.

아버지의 삽

아버지는 삽 한 자루로 집안의 모든 일을 해냈다. 밭을 만들어 오이, 토마토, 호박 등의 농작물을 심으면 신의 손길이라도 닿은 듯 잘 자랐다. 삽 한 자루로 못하는 게 없는 아버지였다. 농토를 불리고 집을 짓고 특수작물을 재배하며 우리 4남매를 가르치니 대단한 능력자였다.

삽은 무엇일까. 나도 아버지처럼 삽이 갖고 싶었다. 아버지의 삽은 열 살 소녀의 키를 넘으니 제대로 삽을 다룰 수 없지 않은가. 내 마음대로 땅도 파헤쳐 아버지처럼 밭도 만들어낼 수 있는 삽 한 자루 생기기를 속으로 바랐다.

아버지에게는 연장이 많았다. 비닐하우스가 한 동 지어진 마당 한쪽에 농기구가 들어있는 창고를 염탐하곤 했다. 창고에 들어서면 아버지의 연장들은 내 마음을 아는 듯 정렬한 채 나를 보았다. 내 공부방보다 훨씬 넓고 정리가 잘되어 있어 농사일에 바쁜 아버지가 언제 이렇게 정리를 할까, 심지어 집을 짓던 중 굴러다니던 못까지 공구함에 가지런히 챙겨둔 걸 보고 감탄했다. 겨우 한 평 넘을 까 하는 내 방에 책과 옷가지를 엉망으로 버려둔 나는 살림살이나 학습도구 하나도 제대로 간수하지 못하고 있으니 부끄럽기도 했다. 곡괭이, 낫, 삼태기, 온실 문짝, 농약 통, 삽 몇 자루 등의 연장을 능숙하게 사용하는 아버지가 삽을 잡고 밭에 서 있으면 근사해 보였다. 아버지가 부지런히 삽으로 땅을 파헤칠 적마다 밭이 늘어나고 살림이 불었다.

어느 날 내게도 맞는 삽이 생겼다. 닳아서 쓸 수 없는 삽을 아버지가 내 키에 맞게 자루를 고쳐놓은 것이다. 나는 학교에서 돌아오면 신이 나서 삽을 들고 땅을 골랐다. 특별히 땅을 고르면서 무얼 심어둔 것은 아니다. 화단의 꽃을 정리하고 두엄자리를 쌓아올려 봉분을 만들었다.

아침 일찍 밭으로 나가기 전 아버지는 마당의 온실을 가꾸고 다른 채소를 심기 위해 삽으로 흙을 고르기도 했다. 늦가을에는 배추와 무를 땅속에 묻어 두었다가 설이나 정월 보름, 이른 봄이면 캐냈다. 양손으로 삽을 잡고 힘주어 밀면 삽은 땅속으로 쑥 들어가고 다시 흙이 뒤집혔다. 능수능란하게 삽질하는 아버지를 눈여겨본 다음 나도 삽질을 흉내 냈다.

분가한 형님을 대신해서 서당만 마친 후 십대 때부터 큰 농사를 짓기 시작했다는 아버지는 삽만 있으면 못할 게 없었다. 홀몸으로 북한을 탈출한 아버지에게 삽은 친구이고 고향 땅이고 마음 속에서 만나는 가족이었을까. 모든 아픔을 묻고 자식들이 열심히 공부하기를 바라면서 아버지는 죽을 힘을 다해 삽질을 했다.

아버지는 혼자가 아니었지만 분명 '나는 혼자야, 외로워.' 그런 생각을 하고 있다는 느낌을 받을 때가 있었다. 나는 아버지를 위로하는 방법으로 아버지 앞에서 삽을 들고 이리저리 땅을 파헤치곤 했다. 삽으로 흙을 파헤쳐 뒤집어놓고 때로는 이랑을 만들기도 했다. 봄날 들뜬 땅은 삽질하기에 얼마나 좋은 시간인가. 지난 시간들의 씨앗이 숨어있고 깊이 삽질하여 뒤집으면 미처 녹지 못한 겨울 한기가 엉켜 있다. 땅이나 사람이나 속을 뒤집어엎는 일은 후련하고 재미있는 일이었다.

삽을 들고 땅을 파면서 아버지의 그림자처럼 따르던 내가 고등학교에 올라가면서 갈등하기 시작했다. 나는 아버지와 달랐다. 아무리 삽을 잘 다루어도 아버지처럼 대지의 주인은 될 수 없었다. 곁눈질로 아버지를 보면서 '아버지가 공부를 했다면 지금쯤 대단한 사람이 되지 않았을까.' 안타깝게 생각하면서 삽은 내 장화와 함께 창고에 슬그머니 가두었다.

나만의 연장에 몰두하기 시작했다. 아버지를 졸라 사게 된 카메라는 삽에 비할 바가 아니었고 팝송 음반을 사다가 듣느라 아버지가 마당에서 일을 해도 내 방에 숨어버렸다. 내가 속한 세상의 연장들은 아버지의 삽과 비교할 수 없는 첨단의 이기들이었다.

내 이기적인 변절에도 아버지는 묵묵히 농기구를 친구 삼아, 타고난 농사꾼처럼 이른 아침이면 삽을 챙겨 들고 집을 나섰다. 내 교복을 다시 맞추어 입고 교과서를 바꾸고 입학금을 낼 대마다 아버지의 삽도 새로 바꾸기를 얼마나 했을까.

대학을 다니면서 나와 아버지의 거리는 완전히 멀어졌다. 시내를 어슬렁거리고 남학생들과 어울려 다니느라 아버지를 밤늦도록 마당에 서 있게 할 뿐이었다.

몇 십 년 만에 찾아온 더위로 온 나라가 피서객들로 꿈틀거리던 날도 아버지는 밭으로 갔다. 돌아오는 길 집 근처 건널목에서 과속차량에 치여 새로 장만한 삽도 부러지고 도시락과 함께 아버지의 온몸도 부서졌다. 뇌수술로 엉금엉금 꿰맨 흔적이 양쪽 귓가로 반원을 그린 채 퉁퉁 부은 아버지……. 처참한 마지막을 마주한 순간 나는 죄책감에 주저앉고 말았다. 돌아가시면서도 일 걱정만 하다 숨을 거두었으니 아버지의 삶을 보상해 줄 게 하나도 없었다.

장지에서 나는 아버지 관 위에 흙을 뿌리려 삽을 들다가 정신을 잃었다. 아버지의 삽 한 자루만도 못한 사람으로, 영원히 나는 어린 날 아버지의 능력 있어 보였던 삽을 탐냈던 소녀로 남게 된 것이다.

아버지의 억울한 죽음도 해결하지 못 하는 얼뜨기 인생으로 삽질해야 하는 시간, 아버지를 땅에 묻고 절하면서 나는 평생 흘릴 눈물을 다 쏟았던 것 같다.

길

길을 걷다 아버지의 의족 소리를 들을 때가 있다. 삐걱……. 환청이지만 그 소리가 들릴 때면 나도 모르게 나는 한쪽 다리를 아버지처럼 뻗고 만다.

왼쪽 다리가 없어서 허벅지까지 의족을 끼운 채 뒤뚱거렸던 아버지는 성한 사람들처럼 사방팔방 마음대로 다니지를 못했다. 자전거가 있다 해도 불편함이 많아 아버지는 주로 혼자 다니셨다. 어느 누구와도 다정하게 나란히 길을 걸을 수가 없었다. 우리들 졸업식이나 입학식에도 오지 못하셨으니 아버지와 나란히 걷거나 요즈음 딸처럼 애교 있게 팔짱을 끼고 다닌 추억도 없다.

아버지에게는 아버지만이 즐겨 걷던 길이 있었다. 아버지가 농사짓던 밭으로 가는 길이었다. 그 길은 언제나 마악 떠오르는 햇살을 받아 반짝이는 이슬로 별세계를 이루고 있었다. 풀섶으로 얼굴을 내밀고 있던 이슬은 멀리서 삐걱이는 의족 소리만 들어도 아버지인 줄 알았으리라. 아무도 가지 않는 이른 아침 탱자울을 스쳐 의족을 삐걱이며 앞장서 길을 터 가는 아버지의 바짓가랑이는 이슬에 흠뻑 젖어있게 마련이었다.

나는 아버지의 뒤를 따라 빈 대바구니를 든 채 꿈을 좇듯 쫄랑쫄랑 따라다녔다. 잠의 여운을 뒤꼭지에 매단 채 아버지의 의족 소리에 몸을 떨듯 풀잎에서, 거미줄에서 와르르 굴러버리는 이슬을 발목으로 받으며 정신을 차리곤 했다.

아버지가 나를 깨우면 싫다 소리 한번 안 하고 벌떡 일어나 대바구니와 가위를 챙겨들고 뒤를 따랐던 길은 열 살 무렵의 내게는 모든 길로 통하는 듯 매력적인 길이었다. 때로는 안개 자욱한 길을, 가끔은 천적이다 싶은 하얀 탱자꽃에서 왕왕대던 벌 떼들이 겁을 주어도 스척스척 잘도 지나쳤다.

최초의 온상 재배로 전국에 이름이 알려졌던 아버지의 토마토 밭은 내게 충분히 신비스럽고 위력적이었다. 토마토 밭은, 넣어 놓은 빨래도 눈 깜짝할 새 걷어갈 만큼 대부분 생활이 어려웠던 그때 우리 가족의 젖줄이었다.

아버지를 따라 이른 아침 토마토 밭으로 가는 길은 언제나 신이 나는 길이었다. 아버지는 토마토 귀신이란 별명이 붙은 내게 잘 익고 속이 꽉 찬 걸로 바구니에 가득 따서 담아주시며 콧노래를 흥얼거렸다.

이랑에 서서 아버지와 내가 잠을 떨구며 걸어온 길을 바라보면 길 저편의 집들은 그제서야 잠에서 깬 듯 부산한 기운으로 햇살 속에 떠오르고 있었다. 아버지는 잘 자라지 않는 딸에게 먹일 토마토를 늦가을이 되도록 남겨두어 아침마다 바구니를 채워주었다. 아버지와 나는 그 길을 오래도록 그렇게 이슬과 햇살, 탱자울을 벗삼아 오갈 줄 알았다.

어느 날부턴가 나는 그 길을 가지 않기 시작했다. 친구들과 어울리면서 공부한다는 핑계, 숙제가 많아졌다는 구실로 아버지가 깨워도 일어나지 않은 것이다. 아버지 혼자 바구니와 가위를 챙기느라 움직이는 소리, 길을 걸으며 삐걱이는 소리를 들으면서도 나는 모르는 체했다. 가끔 친구들에게 토마토 인심을 써야 하는 날이거나 어머니 몰래 용돈을 두둑히 타내야 할 일이 생기면 아버지가 계시는 밭으로 달려가곤 했지만 사춘기가 지났을 때는 내가 그 길을 얼마나 좋아했는지조차 까맣게 잊고 말았다.

아버지와 함께 걷던 길은 자동차 길이 되어 지나간 시간과 함께 영원히 묻혀버렸다. 고향에서 나는 그 길의 흔적조차 찾지 못하고 가슴이 아파 한참을 서서 바라본 적이 있다.

아버지는 이른 아침 내가 들었던 바구니를 들고 홀로 걸으며 어떤 생각을 했을까. 토마토를 따면서 콧노래도 흥얼거렸을까.

끈

퇴근길 전철에서 산 사나이 박정헌이 쓴 ≪끈≫을 읽는다. 국내외 산악계에서 '센 놈'으로 통하는 박정헌과 후배의 히말라야 등반 이후 극적인 생환기를 담고 있다. 산과의 인연을 끊을 수 없어 삼십대와 이십대 두 남자는 다시 5밀리미터 굵기의 자일에 몸을 감은 채 영하 20도의 촐라체 북벽에 매달려 사흘 만에 정상을 밟는다. 하지만 하산하는 도중 죽음의 블랙홀인 얼음계곡(크레바스)에 후배가 빠지면서 이들은 6일 동안 사투를 벌이게 된다. 갈비뼈가 부러진 채 자일을 놓지 않은 선배와 부러진 두 발목으로 자일을 잡고 삶의 끈을 놓지 않은 후배의 의지가 끈과 함께 빛나고 있다.

대개 이런 경우 한쪽에서 자일을 끊는다고 한다. 둘 다 목숨을 잃는 확률이 높기 때문이다. 끈을 자르지 않은 대가로 둘은 거의 모든 손가락과 발가락을 잃어야 했다. 사나이들은 목숨과 바꾼 절대 신뢰를 끈으로 쌓았다. 평생 이어갈 동아줄 인연의 탄생에 전율한다.

만약 수직의 얼음절벽에서 끈을 잘랐다면……. 상상만으로도 몸서리가 쳐진다.

순간 눈앞으로 환영처럼 하얀 무명 끈으로 서로를 묶은 남녀가 지나간다. 장님 남자가 플라스틱 바구니를 들고 앞서 걷는다. 오륙십대의 여자는 세상일과는 완전 무관하다는 표정으로 허리에 끈을 감아 묶고 뒤를 따른다. 부부라 짐작한다. 전철에서 끈 부부를 보아온 지도 10년이 되어 간다. 이들을 볼 때마다 줄을 타야 살 수 있는 거미를 생각한다. 줄은 이들에게 살아 움직이게 하는 혈관이자 세상과 소통하는 도구이다.

묘하다. 인간의 삶은 끈, 띠, 줄에서 벗어날 수 없는 것처럼 보인다. 목숨을 명줄이라 했으니 오래 전부터 아기가 태어나면 탄생 사실을 알리는 금줄을 문밖에 걸었다. 새 생명은 어머니의 곰에서 줄 따라 세상 밖으로 나오지만 냉정하게도 그 줄은 끊기게 된다. 탯줄을 자를 때 비로소 진짜 생명을 부여받고 홀로 서기의 아픔을 겪기 시작한다고 본다.

인간은 그때 벌써 줄에 대한 집착을 보이며 생명줄을 찾아 허둥거린다. 줄에 대한 애착은 원초적이기에 곳곳에서 살기 위해 줄을 잡고 줄을 바꾸고 줄을 대려 애쓰는 현상들을 발견할 수 있다.

출세를 하려면 줄을 잘 서야 하는데 그 줄이 쓸모없는 존재가 되면 '끈 떨어진 두레박'이나 '끈 떨어진 박 첨지'라 불렀다. 공부를 많이 했는지 아닌지는 '가방끈이 길다, 짧다.'로 돌려 말한다.

하다못해 죄인을 잡아갈 때도 오랏줄로 묶었으니 틈만 나면 사람들은 줄을 만들어 두었을 것 같다. 옷이나 일상소품에 관계된 끈 매듭이나 바구니 등 살림도구를 단단히 묶어주었던 테는 얼마나 많았던가. 생활뿐 아니라 내 어릴 적 어지간한 놀이에도 줄이 빠지지 않는다. 줄넘기, 고무줄놀이, 줄다리기, 실뜨기, 그네타기, 기차놀이 등. 아이들이 많으니 줄을 만들어야 놀 수 있지 않았을까. 하늘에서 줄이 내려오는 옛 이야기에 감동하고 우물 속으로 줄을 내려주고 함정에 빠진 동물을 위해 밧줄을 던져주는 동화를 읽고 나면 누군가를 구하는 줄 하나쯤 갖고 다녀야 할 것 같았다. 줄을 통해 구원받을 수 있다는 암시를 받고 살아온 것이 우리 삶인가.

인연의 끈으로 구원받기를 기다린 화가 이중섭이 있다. 그는 살아서 가족들과 만나기를 기다리며 그림 속에 끈을 넣었다. 〈애들과 끈〉 그림에는 다섯의 벌거벗은 아이들을 탯줄 모양의 푸른색 줄이 구불구불 감고 있다. 모성으로의 간절한 회귀인지, 그토록 만나고 싶어 했던 가족 그 인연의 연결이 끊어지지 않기를 바라는 절실함일까. 아이들을 데리고 일본으로 돌아간 부인을 그리워하며 〈길 떠나는 가족〉을 죽기 전 그리기도 했다. 〈네 어린이와 비둘기〉, 〈두 아이와 물고기와 게〉, 〈제주도 풍경〉 등에서도 끈이 그려져 있는 것을 볼 때 이중섭의 가족을 향한 재결합 열망이 선명해진다.

이중섭은 그림으로 끈을 만들어냈지만, 그와 비슷한 나이로 같은 시대를 살았던 나의 아버지는 겨울이면 새끼줄을 꼬며 가족에 대한 그리움을 달랬다. 북한에 부모형제와 아내, 갓 태어난 딸까지 두고 온 아버지의 그리움은 살아생전 만나지 못할 수도 있다는 이유 때문에 큰 한으로 변하였다.

줄 댈 곳 하나 없는, 혈혈단신 아버지의 삶은 팍팍했으리라. 가진 것도 없었으니 아버지의 모습은 세상을 향해 맨몸에 샅바 하나 건 씨름꾼이었다. 지푸라기 하나라도 모아 기다란 끈으로 재생시키려 애쓰는 아버지의 모습은 곳곳에서 '모범 영농인'으로 투영되었다. 아버지의 손놀림을 따라 새끼줄을 만들어보려 하지만 역부족이었던 어린 날의 나는 재주에 감탄하면서 아버지의 새끼 꼬는 모습을 그림으로 그리기도 했다. 방안 가득 새끼줄을 모아 타래를 쌓아두는 아버지의 마음은 간절히 달려가다 늘 철조망 가시줄에 걸리고 말았을 것이다. 죽음 앞에서도 아버지는 가족들을 꼭 만날 것이라는 꿈 가닥을 챙겨두었으리라.

세상은 변하였다. 눈에 보이는 끈이 없어도 소통하고 인연을 만들어갈 수 있다. 혼자 있어도 인터넷으로 지구를 여행하고 정보의 풍요함을 누리며 살아간다. 세계화 된 사이버 끈은 미세한 신경세포처럼 예민하고 전광석화처럼 빠르고 동시다발성일 경우가 많다. 하지만 사이버 끈은 마음먹으면 잘라내고 일방적으로 잘려나가기도 한다. 아무리 벗겨내도 그뿐인 양파의 속성일 수도 있다.

우직하게 목숨과도 바꿀 만한, 끈을 갖는 일이 어려운 일일까.

고향 가는 길

어머니는 늘 그렇게 여장부의 당당한 모습으로 우리 곁에 있을 줄 믿었다. 오십 년 넘도록 우리가 태어나고 자랐던 고향을 지키며 버티고 살아가는 사람은 당연히 어머니인 줄 알았다. 그러했기에 번번이 어머니가 전화를 걸어와 '왜 오지 않느냐.'고 성화를 해도 믿는 구석이 있어서 통 가지 않았다. 잘해야 일 년에 두 번 정도, 어머니 생신과 아버지 제사에 참석했다가 어머니가 내뱉는 미운 소리를 뒤통수에 달고 새벽에 내달아 나오기를 얼마나 했던가.

칠십을 막 넘긴 어머니가 몇 달도 살지 못할 거라는 연락을 받고도 나는 우리 어머니가 아닌 다른 사람일 거라는 몽롱함으로 무엇을 어떻게 해야 하는지 판단을 내리지 못했다. 장난이려니, 아니면 무언가 잘못 진단이 내려진 것이기에 곧 오진으로 판명나고 한바탕 소동으로 정리되지 않을까 기대하며 선뜻 집으로 향하지 못한 채 머뭇거렸다. 열흘은 꾸물거리며 별일 아니기를 기대하며 딴청을 부리다가

'오늘을 넘기지 못할 수도 있다'는 급보를 받고서야 한술 뜨던 밥숟가락을 그대로 던진 채 일어서다니….

나는 그예 참았던 눈물을 한바탕 흩뿌리고 누가 보아도 제정신이 아닌 차림으로 자정이 넘은 고속도로를 달린다. 차량 소통이 거의 없는 민자고속도로는 컴컴함 때문인지 아무리 달려도 그 길일 뿐 앞으로 나아가지 않는 듯하다. 나는 마음속으로 빈다. '나에게 시간을 달라고…. 오늘 절대 무슨 일이 일어나면 안 된다고….'

그동안 친정을 멀리하고 살았던 일들이 꾸불한 길이 펴지고 새로운 길을 알리는 불빛이 빤짝일 때마다 떠오른다.

남편 공부 때문에 형편이 넉넉지 못했을 때는 자존심이 상하여 친정을 멀리했다. 사위를 못마땅하게 대하는 것도 속상하고 시집식구를 불신하는 어머니가 더 미웠기 때문이다.

살림형편이 펴지자 남편의 여자문제가 불거져 친정 드나드는 길을 막았다. 어머니는 그럴 줄 알았다는 듯 사위를 미워하며 급한 성격에 직설적인 표현으로 마음을 후비었다. 찾아갈 때마다 위로를 얻기는커녕 상처만 덧날 뿐이었다. 마음의 평화를 얻으려면 친정을 멀리할 수밖에 없었다. 여행이나 단체 행사 때문에 집 가까운 곳을 들러야 할 때도 찾지 않았다.

어머니 생신이나 집안 큰일이 있을수록 어머니는 어머니의 체면 때문에 '사위자식의 부재'를 들먹였다. 서울로 유학보냈던 큰딸이 번듯한 직장도 잡고 괜찮은 남자를 만나서 살아야 어머니도 친구들과 친척들에게 자랑하고 큰소리를 쳤을 텐데 뜨거운 감자인 맏딸 때문에 늘 거북했으리라.

나는 점점 집으로 가는 길을 멀리했다. 그렇게 흐르는 시간 속에 내가 다녔던 길은 묻혀버리고 길은 낯설어 집으로 가는 길도 물어야 찾아갈 수 있게 되었다.

고향 가는 길은 점점 반듯해지고 넓어지며 시간을 단축시켰지만 무엇이 그토록 집으로 가는 나의 발목을 잡고 놓아주지 않았던 것일까. 방학이면 가족들을 만난다는 생각에 설레는 마음으로 달려갔던 길이었다. 결혼을 한 후에도 한동안 집으로 가는 꿈을 꾸며 눈물짓고 어쩌다 시어머니의 허락을 얻어 차표를 사두면 잠을 이루지 못한 채 고향 동네 구석구석을 뒤지고 다니는 상상에 빠지곤 했다. 어느 길로 다녀도 사랑이 넘치고 흐뭇하고 따뜻함이 넘쳤던 곳이었다.

밤중에 찾아들어도 누구인지 알아채도록 불빛이 밝아진 가로등, 그토록 오래 한 곳에서만 살아가고 있는 몇몇 동네 어른들과 마주치기가 싫어 번개걸음을 치고 다닌다.

나를 포장하지 않고는 들어설 수 없는 시선들 때문이었을까. 언제부턴가 나는 고향에 가는 일이 두렵고 부끄럽고 힘든 일이 되어버려 외면하고 살아왔다.

그렇게 도망다녔던 길을, 나는 어머니와의 이별을 준비하기 위해 주말마다 나선다. 두 달 아니 석 달, 길면 6개월이라는 의사의 진단을 듣고도 혹시 6년도 될 수 있지 않을까 기대를 버리지 못하며 길을 간다.

고향으로 가는 길은 언제나 멀다. 아무리 도로가 잘 만들어지고 시간을 반으로 줄인 고속철도가 다녀도 고향으로 가는 길은 조급한 마음을 달래주지 못하기에 멀 수밖에 없다.

내 마음의 나무

휘돌한 길 저만치 버티고 있는 오래 된 나무를 본다. 나무를 대할 때마다 고향에 들어선 듯 어떤 안도감에 빠져든다. 처음 이 나무를 만났을 때 나는 헌칠민틋하게 자라버린 코흘리개적 친구라도 만난 양 나무 밑둥치를 더듬고 우듬지를 올려보며 비명에 가까운 감탄사를 질렀다. 바람결에 흔들렸을 가지들은 이리저리 굽어져 휘우듬하지만 걸꾸밈이 없어도 멋이 흐르지 않는가.

노병의 훈장처럼 '500년 된 느티나무'라는 Y시의 확인 표지판을 앞세우고 있는 나무 아래서 옛일을 상상하기를 즐겨한다. 받침대에 의지한 채 양쪽으로 늘어진 가지는 동네 아이들이 꽤나 올라타고 장난쳤을 것 같다. 밤이 되면 늦도록 오지 않는 가족들을 기다리는 장소로, 새벽이면 부지런한 농부 손에, 마른 가지는 이슬떨이로 꺾여 나갔지 않았을까. 한더위에는 큰 그늘을 만들어 새 소리와 함께 낮잠 자는 쉼터로 사람들을 불러 모았음직하다. 나무의 가장 가운데로는 굳은 심지가 있고 마을 사람들을 지켜주는 액막이, 바람막이로, 어머니의 기도를 받아주는 성소로 살아오며 간직한 웃음과 눈물이 보석처럼 박혀있을 것 같다.

“식물은 인간이 생각하는 것보다 훨씬 예민하고 감정을 지닌 생명체여서 잘릴 때는 동물의 피에 해당하는 투명한 액체를 흘린다.”

영국 글레스코우 대학의 맬컴 윌킨스 교수가 발표했었다. 세상에 떠도는 온갖 이야기들을 삭정이처럼 떨어내면서 침묵하는 나무에서 범상한 기운을 느낀다. 천 년이 넘도록, 더러 2천 년 넘게 살고 있는 나무 이야기가 들릴 때마다 나무에게는 오래도록 이 땅을 지키며 살아가기를 꿈꿀 권리가 있지 않을까 생각한다.

집으로 돌아가는 시간 서두르지 않아도 되는 날은 나무가 있는 이 길을 걷는다. 오래 된 나무는 고향의 얼굴이다. 고향을 생각하며 찾아들 수 있는 문패다. 떠돌며 살아야 하는 사람에게 나무는 위안을 준다. 문득 어느 날 밤중에 택시를 타고 고향집을 찾아갔다가 눈앞에 집을 두고 헤맸던 기억을 떠올린다. 가까스로 찾아낸 나의 집은 나무들을 뽑아내고 지어 올린 아파트에 둘러싸인 채 어둠 속에서 숨죽이며 엎드려 있었다. 나무가 사라진 집은 낯설기만 했으니 눈앞에 두고도 몰라본 것이다.

나도 이제 누군가에게 오래 묵은 동구 밖 나무가 되어주고 싶다는 생각을 은밀하게 품는다. 휴일이면 시간을 내어 나무에게로 간다. 느티나무 아래서 꿈을 꾼다. 어딘가에 정착하여 죽을 때까지 나무를 심는 일이다. 장 지오노가 쓴 ≪나무를 심은 사람≫에 나오는 양치기 엘제아르 부피에는 절대적인 고독 속에서 누구의 도움도 받지 않고 혼자 나무를 심어 나간다. 모두 떠나간 황폐한 마을에서 그는 도토리 씨앗을 뿌리고 자작나무 등을 심는 일에 골몰한다. 그는 기르던 양떼와 개도 잃고 나중에는 벌만 기르며 수십 년 동안 프로방스의 황무지를 거대한 숲으로 만든 기적을 일으키지만 정작 부피에는 말하는 습관조차 잊을 만큼 나무 심는 일만 사랑하다 죽어갔다.

집이 헐리면 꼭 나무도 없어지는 일을 겪는 결곁이 백 년도 함께하지 못하는 서로의 만남을 생각한다. 어렸을 때 마당에는 몇 그루의 나무가 있었다. 오동나무를 심었다가 너무 잘 자란다는 이유로 어느 날 뽑아버리고 앵두나 복숭아나무는 벌레가 꼬인다며 과실도 맺기 전 처분을 했다. 마당에는 늘 새로운 나무가 심어지곤 했다. 그마저도 나무 한 그루 없는 상가주택이 되었다. 주택가에서 나무가 오래도록 살아가는 일은 사치다.

제법 정원의 풍모를 갖추었던 자리는 주차장으로 바뀌고 노후생활을 위한 셋집용 다가구가 골목마다 밀집해 있다. 밑절미를 빼앗긴 허전함과 함께 고향이 될 수 없는 도시의 공허한 가슴을 엿보고 만다.

언젠가 뚝섬에서 '내 나무 심기' 행사가 벌어졌다. 마음으로 갈채를 보내며 딸을 낳으면 오동나무를 심었다가 시집갈 때 잘라서 장농을 만들어주고 아들을 낳으면 선산에 소나무를 심었다가 아들이 죽을 때 잘라 관을 만들었던, 붙박이들만이 누릴 수 있었던 소박한 행복을 생각했다.

느티나무에게 말을 건다. '천년을 버텨다오.'

어머니의 등불

낯설다. 열아홉 소녀의 순박함과 청순함, 첫사랑의 아스라함을 남겨두고 떠났던 고향에서 도리어 나는 이방인처럼 소외감에 빠지고 만다.

고향은 언제나 무성영화의 정지된 한 컷이지 않던가. 나는 혼란스러움에 어쩔 줄 몰라 한다. 산과 밭을 밀어내고 빼곡하게 들어선 아파트 단지, 매연과 소음, 교통체증에 시달리는 고향의, 서울을 닮아버린 얼굴을 보며 돌아와 안주할 곳이 없다는 생각을 한다.

고향은 어머니의 따뜻한 손길을 느낄 수 없는 곳으로 떠났던 나를 자꾸만 뒤돌아보게 했다. 아, 어머니. 나 몰래 눈물짓던 어머니가 있는 집으로 다시 달려들고파 스무 살 봄 아지랑이 속에서 그리움의 키만 키웠던 날들이 흔들린다. 고향을 떠나던 날부터 나는 밤마다 어머니 꿈을 꾸었다. 가마솥에 걸려 있는, 개량도 안 된 아궁이 앞에서 누런 광목 앞치마를 두른 채 밥을 짓고 있을 어머니가 보고 싶어 밤마다 환청을 듣기도 했다. 한밤중에도 벌떡 일어나 하숙방 한구석에 웅크린 채 눈물 찔끔대던 내가 오목거울 저편으로 오므라져 있다.

어머니의 생신을 겨우 기억해 낸 채 허둥지둥 달려온 내게 등불 밝힌 초파일 거리는 혼령처럼 떠도는 찬바람을 안겨준다. 나는 왜 어머니를 위해 등불 한 번 밝혀달지 못하는 걸까.

지금의 내 나이보다 더 새파랗게 젊었던 어머니는 가족을 위해 등불 켜고 기도했다. 새 등불을 달고 돌아온 날 어머니는 우리에게 덕담과 기원을 나눠주셨다.

이제 등불은 있지만 내 젊은 어머니가 걸어 둔 등불은 보이지 않는다. 임자도 모르는 등불만 내걸린 거리에 서면 젊은 어머니와 어린 딸이 지나쳤던 길은 어디로 가고 혼자 서 있는 황량함이 밀려온다. 하얀 칼라의 단발머리 소녀가 걷던, 저물녘 성당 종소리와 어머니의 기도 소리가 내려앉는 그 길은 어디로 숨어버린 걸까. 열아홉 해 동안 나를 여물게 했던, 나를 부르던 어머니의 목소리, 햇볕과 바람, 오가던 실개천 길은 어디에도 없다. 병석에 누운 어머니에게 편지를 쓰는 친구를 만나곤 했던 우체국도, 소식을 끊고 숨어버린 Y처럼 흔적이 없다. 그나마 앓아누운 어머니를 잃고 새어머니를 맞아야 했던 Y를 위로한답시고 "난 네가 제일 좋아." 그런 쪽지를 전하며 수줍어하던 나를 향해 느닷없이 깔깔대던, 하얀 얼굴의 Y도 이제는 어머니가 되어 어머니를 그리며 나처럼 이 거리에 서 보았을지 궁금하다.

고향의 흔적이라도 찾으려는 듯 화려하고 번잡해진 시내를 쏘다녀본다. 노후대책으로 어머니가 탐을 냈던 시장통 거리, 그러나 딸의 학비를 대느라 사지 못했던 그곳에는 백화점과 고층빌딩이 들어섰다. 단발머리에 하얀 칼라 대신 군화를 신고 색색으로 머리를 물들인 소녀들, 검은 재킷, 찢어진 청바지를 입은 소년들. 세련되고 유복해 보이는 젊은 어머니와 귀공자 같은 아이들이 붐비고 있다.

이들을 보며 나는 잘못 들어선 듯 이곳저곳을 서성일 뿐이다. 통유리로 벽을 두른 외국 체인의 피자 점포 앞에서 나는 어머니가 단골 삼았던 국수가게의 무엇을 찾아 두리번거린다. 광목 앞치마를 두르면 집안 잔치쯤이야 시원하게 치러내던 내 어머니의 생기 넘치던 젊음도 국수가게와 함께 무너진 것이다.

조금은 서러운 마음으로 떠밀려 들어선 고향집 내가 쓰던 방에는 육순의 어머니가 말수가 줄어든 채 살고 계신다. 내 쉴 곳은 여기라는 듯 활기에 넘치는 거리를 내어 준 어머니는 오래된 집을 지키고 있다. 유배를 즐기는 늙은 성주처럼 고요히 남은 삶을 기다린다.

흰머리가 부쩍 많아진 늙은 성주의 등에는 남동생 부부가 맡긴 손녀가 잠들어 있다. 제 앞가림도 할 줄 몰랐던, 스물을,

갓 넘긴 딸이 엉겁결에 안겨주었던 손녀를 돌봐야 했을 때 어머니는 아마 검은 머리의 사십대 초반이었지. 어머니의 성은 낡아가고 얼굴은 주름투성이다. 검은 머리 때 돌보던 손녀는 슬금슬금 자라서 제 어미 옷을 탐내는 고등학생이 되었는데 어머니는 아버지가 쓰시던 돋보기를 코끝에 걸치고 우편물을 살핀다. 나는 안절부절 못하며 박물관처럼 톤이 가라앉고 고즈넉한 방을 기웃거린다. 아이들의 웃음소리, 다투는 소리, 어머니의 꾸짖음이 액자 속에 갇혀 있다. 어머니의 젊음은 우리를 위해 등불을 달던 그날부터 저당잡혔을지 모른다.

어머니의 굼뜬 행동과 검버섯 핀 얼굴이 어색하다. 지난가을 왼팔이 마비되었다가 겨우 나았다는데 아직 신통치 않은지 어머니가 손써야 하는 살림살이는 나뒹그라진 쪽박 모양새다. 반들반들 윤이 나던 부엌 살림들은 높다란 선반 위에 올려져 있고 플라스틱 소쿠리와 2인용 전기밥솥만이 덩그마니 놓여 있다. 나는 이런 속절없는 흐름을 어디서부터 되돌려놓아야 할지 두서를 찾지 못해 허둥거린다.

무언가에 떠밀리듯 다시 서울살이로 돌아와 뒤돌아보면 홀로 된 어머니가 돋보기를 쓰고 흰머리를 빗는다. 손녀를 어르고 있다. 어머니가 남아계시는 고향은 점점 작아지고 주인 없는 등불만 깜빡거린다. 어머니는 꼭 살을 에는 겨울바람 속에 홀로 서 있는 듯 서럽다. 나는 어인 일인지 자꾸만 어머니가 있는 고향을 낯설어 하며 두려워한다.

구토

이른 아침 출근길에서, 새벽쯤 누군가가 길바닥에 토해놓은 음식찌꺼기와 만날 때가 있다. 그럴 때 그것을 떠돌이 개까지 덤벼 핥기라도 하면 마치 뱀을 밟은 양 끔찍해서 몸서리를 치며 피해간다. ≪야생초 편지≫를 책으로 엮어 낸 황대규의 '오줌치료법' 이야기를 보면, 사람들은 키스하면서 상대방의 침은 실컷 빨아 먹지만 뱉어놓은 침을 보면 더럽다고 퉤퉤거린다고 했다. '뱉는다'는 일은 하는 사람이나 뱉어놓은 걸 보는 사람이나 모두 힘들게 한다.

사람의 마음을 털어놓을 때도 마찬가지인가 보다. 땅바닥에 뱉어버리는 식으로 표현할 때와 진지하게 털어놓을 때와는 분명한 차이가 있다.

인터넷에 검색순위 1위로 뜨는 타이틀은 가판대에 진열된

연예인 소식지가 눈길을 끄는 방식과 같다. 원색의 큰 글씨로 '충격 고백…', '심경 토로…', '밀월여행' 등 요란한 문구로 호기심을 자극하는 것처럼 순위 안에 든 검색어도 같은 형태다.

그러나 막상 읽어보면 맥빠질 정도로 아무 내용이 아닌 경우가 많다. 어떤 연예인은 그러한 스캔들을 만들어 관심을 끌어내는 풍토에 염증을 느꼈는지 '짜고치는 고스톱' 같은 연예인세계라며 은퇴를 선언한 적이 있다. 대통령 출마를 하는 힐러리가 몇 년전 자서전을 내는 조건으로 엄청난 원고료와 인세를 챙겼는데 막상 출판사에서 원하는 알맹이는 빠진 채 자기 자랑만 늘어놓았다고 해서 비난을 받았다.

날마다 대단한 비밀을 찾아낸 양 호들갑을 떠는 일도 쉽지는 않을 것이다.

문득 미국의 9.11 테러 직후에 보았던 영화 '재단사 해리'가 떠올랐다.

주인공은 파나마 운하를 가진 나라의 왕이 사는 곳에서 양복점을 경영하고 있다. 그는 궁 안을 마음대로 드나들 수 있다. 왕의 양복을 책임지고 있기 때문이다. 그런데 어느 날 미국 첩보원(피어스 브로스넌 주연)이 접근을 한다. 양복점 주인의 문란한 여자관계의 약점을 쥐고 있는 첩보원은 미국에서 필요한 비밀을 캐내기 위해 주인을 협박하고 양복점 주인은 무언지 모르지만 대단한 비밀을 궁으로부터 빼내와야 한다. 양복점 주인은 왕 옆에서 옷을 가봉해주면서 다른 나라 정상급들과 만난 이야기를 슬쩍 묻는다. 그러나 왕은 함구할 뿐이어서 별다른 소득이 없다. 첩보원에게 추궁을 당하던 그는 마침내 계략을 짠다. 이왕 시달릴 바에야 허위정보를 비싼 돈에 팔고 생색까지 내면서 첩보원을 탈출시켜 준다는 계획이었다. 그에게는 절대왕정 시대에 운동권에서 저항하며 대중의 우상이 되었던, 이제는 대중으로부터 잊혀져가는 알코올 중독자 친구가 있었는데 그는 그 점을 이용하여 모든 일에 마치 레지스탕스가 개입된 것처럼 부풀려놓는다. 첩보원에게는 파나마운하를 팔려고 한다는 가짜 비밀을 털어놓으면서 거액의 돈을 요구하며 친구를 이용하고 정보를 받아 낸 미국은 전쟁을 일으키기 위해 폭격기를 상공에 띄운다. 그러나 전쟁이 터지기 전에 모든 일은 거짓임이 밝혀진 채 무마가 된다. 재미있는 것은 첩보원도, 외교관도, 엄청난 첩보활동비를 나눠가지느라 거짓 정보임을 알고도 넘어가는 척했다는 사실이다.

사람들은 어떤 비밀들을 가지고 어떻게 살아갈까. 죽을 때까지 비밀을 가져가는 사람도 많겠지만 대부분의 사람들은 정리를 하고 싶어 한다. ≪매디슨 카운티의 다리≫ 에 나오는 여자 주인공은 죽은 후에 볼 수 있게 편지로 남기기도 했다.

“세월이 지나면 비밀도 없다.”는 속담이 있는데 어차피 구멍이 숭숭 뚫려 슬금슬금 새나가는 물이 될 바에야 모든 것을 정리하는 생각으로 고백하는 일도 나쁘지는 않을 것 같다.

나의 아버지에게는 신상문제에 대해 예민하게 반응하여 절대 털어놓지 않은 가족사가 있다. 성도 이름도 말해주지 않은 아내와 딸은 이제 미궁에 빠져버렸다. 내가 나서서 찾지 않으면 그대로 묻혀버릴 수 있기 때문이다. 어느 때는 그 점을 이해할 수 없다.

고백은 자칫 자기 합리화의 방어막을 만들기에 자신에게 더 솔직해지고 새롭게 태어날 각오를 해야 할 것 같다.

루소처럼 태어나면서부터 죽을 때까지의 이야기를, 심지어는 자기가 낳은 자식 다섯 명을 모두 고아원에 보낸 일까지 책 한 권의 분량에 적나라하게 털어놓았다.

어쨌든 망설이는 기간을 상당하게 가진 뒤에 무엇이든 토해내야 할 것 같다. 천주교 신자에게는 '고해성사'의 시간이 의무적으로 주어져 있다.

나는 천주교 신자지만 고백성사를 한 번밖에 하지 않았다. 패턴대로 따라하는 미사 시간이 그렇고, 특히 딱 한 번 해본 고백성사 때는 웃음이 나와서 할 수가 없었다. 마음속에 많은 고민은 덮어두고 수녀님이 일러준 대로 가정사는 말하지 말라, 시집식구들과의 문제도 이야기 하지 마라를 명심하다 보니. 고백할 게 없었다. 마음에도 없이 '믿음이 없어 미사를 계속 빠졌다.'는 신앙심에 대한 자아비판을 할 수밖에 없다. 돌아오는 대답도 싱거울 수밖에…. 벽 보고 하는 멋쩍은 느낌을. 고백도 철저하게 주고받는 관계다.

어떤 신부님이 '판에 박은 고백성사를 들어주고 보속을 해주어야 하는 지겨움'을 고백했다고 한다. 그러면서 자신의 직업을 가장 브람 있게 느낄 때가 살인자가 와서 고해성사를 할 때라고 하였단다.

가톨릭 기도서에 있는 고백의 기도문을 보면 '가슴을 치며'라는 구절과 함께 '내 탓이오.'가 세 번 씌어 있다.

'내 탓'을 강요하는 종교의 미덕이 가식처럼 느껴져 외면하다가도 언젠가는 뱃속의 쓴 물이 올라올 만큼 토해버릴 시간을 가져야 할 것 같아 슬그머니 기도서를 머리말에 두어본다.

2부

그대를 처음 본 순간

당신과 처음 마주쳤을 때 순간적으로 '내가 찾던 사람'임을 느꼈습니다. 그 귀족 같은 세련된 매무새, 원래부터 그렇게 태어난 사람의 깊고 다정한 눈빛에서 당신의 포근하고 로맨틱한 취향을 단숨에 알아챘습니다.

한 사람을 통해 마치 예술가의 집 한 채를 보고 있는 감각이 살아나다니요. 시인, 화가들이 드나들었던 장 콕토의 집처럼, 헤르만 헤세가 글 쓰는 틈틈이 정원을 가꾸고 살았던 스위스 멋진 성과 마주한 착각이 들었습니다.

'누구 만나러 오셨나 보아요?'

당신은 물었습니다.

'네…….'

바보! 바보야! 바보였다니! '네.' 그 단말마적인 한마디만 할 수밖에 없었다니.

'땡' 소리와 함께 가슴이 철렁 내려앉습니다.

내가 내려야 할 층에서 엘리베이터가 서버렸습니다. 문밖으로 발을 내밀어야 하는 시간 무엇을 어떻게 해야 할까요.

'저 여기서 내려요.' '몇 층 가세요?'

'내 인생 처음으로 만나 본 멋진 사람이네요.'

이런 말 한마디도 못한 채 모든 아쉬움을 삼켜버리고 그를 향해 미소지을 뿐입니다.

지금껏 그날의 떨림은 생생합니다.

오히려 몇 만겁의 시간으로 더 깊고 억겁으로 애틋해졌지요. 이름도 그 어떤 것도 모르는 그대를 영혼까지 사랑하겠습니다. 전생을 믿고 싶습니다.

당신은 아마도 나의 누군가였거나 나 역시 당신의 철부지일 수도 있다고요.

당신을 처음 본 순간 우리는 만나야 한다고 느꼈습니다.

숙명처럼,

당신과 내가 하나로 만날 수 있는 날이 또 온다면

그 무엇도 우리 사이에서 "땡" 외마디 비명을 지를 수 없도록 도시의 엘리베이터가 아닌, 사막 여행길에서, 서른 시간 정도 타고 가야 하는 비행기에서, 몇 년의 무인도 생활자로 묶여진 그런 만남여야 합니다.

사랑은 늘 그렇게 이름을 알 수 없는 새의 깃털처럼 하늘하늘 사라지는 안타까움입니다.

— 칼릴 지브란 시 〈그대를 처음 본 순간〉 제목 패러디

눈사람

당신은 사랑을 나누어주고 싶어 태어난 눈사람입니다. 당신은 사랑하는 마음이 있어야 태어나는 순수입니다. 세상이 온통 하얗게 덮여갈 때 누군가 마음을 한 줌 집어 굴리기 시작합니다. 둥글게 굴려진 마음이 눈사람으로 꿈을 이루고 이를 발견한 사람들 목소리는 까치처럼 나뭇가지 사이를 뛰어다니며 드높아집니다.

'눈사람!'

외마디 노래를 불러 창문을 흔들어댑니다.

사람들은 눈사람을 보면 '몇 살이냐.', '어디 출신이냐.', '학교는 어디까지 다녔냐.', '결혼했냐.' '연봉은 얼마나 되냐.', '자동차는 뭐냐.' 묻지도 따지지도 않고 즐거워합니다. 까닭 모를 행복을 느낍니다. 그 하얀 모습에 모든 것을 까맣게 잊고 눈사람에게 무언가 해주려 다가갑니다. 둥근 머리에 모자를 씌워줍니다. 아이는 집안을 뒤져 가발을 가지고 달려옵니다. 목도리도 벗어 둘러주고 눈썹까지 그려줍니다. 해맑은 웃음이 곧 터질 듯 입꼬리가 올라갑니다. 유행 지난 휴대폰도 목에 걸어줍니다.

지나가던 사람들도 감동하여 웃음폭탄을 터뜨리며 말을 건넵니다. '눈사람이네!' 사진을 찍고 쉽게 떠나지를 않습니다.

눈사람은 사랑으로 배가 불러 둥근 배를 안고 있습니다. 사람들은 눈사람의 튀어나온 배를 탓하지 않습니다. 아이들도 배가 나왔다고 따돌림시키지 않습니다. 눈사람 앞에서는 행복한 비명을 지를 뿐입니다. 세상이 꽁꽁 얼수록 당신의 인기는 높기만 합니다. 이 계절 쓸쓸함에 눈물을 훔치다가 행복한 상상을 선물하는 당신을 봅니다. 버리지 않은 꿈을 뭉쳐 소망의 그림을 그리게 하는 당신.

오로지 순수함으로 세상에 왔던 당신은 또 그렇게 덧없음으로 눈물처럼 스러집니다. 사람들은 아무리 세상이 변해도, 세월이 흘러도 당신이 또 찾아올 것을 알고 있습니다.

사랑으로만 태어나는 당신, 다시 내 삶에도 눈사람으로 오겠지요.

그 산동네에 묻어둔 보물지도

앳된 얼굴의 외국인 남녀가 좀 낡아보이는 4인용 밥상을 들고 지하철 한쪽에 앉아 소근거립니다. 어느 누가 썼던 것인지 귀퉁이가 헌 밥상 한쪽씩을 붙잡고 어찌나 다정하게 속삭이는지 눈을 뗄 수가 없습니다. 수줍은 듯, 설레는 듯 그 표정에는 어서 집에 도착하여 상을 펴놓고 차 한 잔 마시면서 분위기에 빠지고 싶다는 조급함이 풍겨납니다. 아는 친구 집에 들렀다가 얻었는지, 알뜰장터에서 구했는지 밥상은 귀퉁이가 낡고 얼룩도 있습니다. 그게 무슨 대수일까요. 부족함은 사랑으로 메꿔 나가겠지요. 나는 다음 정류장에서 내려야하는데도 그들 손삭임에 흠뻑 몰입된 채 그들 꿈에 나의 추억을 얹어 묻어가려 기를 씁니다.

그들의 소박함에서 나를 돌아보고 있기 때문이겠지요.

밥상 하나 없이 쟁반에 밥을 차려 먹었던 시간이 아름다운 그림처럼 남아있는 그곳…….

아직도 나는 한강변을 지날 때마다 돌산 그 비탈 집을 확인하듯 바라봅니다. 달동네였다고나 할까요? 산자락은, 다닥다닥 붙은 집들로 개나리 한 그루 제대로 빌붙을 수 없을 만큼 형태만 보였던 동네였습니다. 한 사람 겨우 지나갈 수 있는 골목을 따라 산꼭대기까지 오르면 우리가 사람들의 손가락질을 피해 숨어들었던 방 한 칸과 연탄아궁이가 있습니다. 군 생활을 마친 복학생과 취업도 못한 여대 졸업생은 아무런 대책도 없이 함께 지내는 일에만 힘을 합했습니다.

밤이면 하늘이 다른 곳에서보다 가깝게 느껴져 꿈같은 계획을 말할 때는 참 아름다웠지만 현실은 부엌도 없고 살림살이라고는 수저 두 벌, 냄비 하나, 밥그릇 두 개가 전부였던 곳이었습니다. 마치 바위에 붙은 굴 껍데기처럼 집들은 그렇게 촘촘이 박혀 주인집이 아니고는 부엌 한 칸도 가질 수 없는 동네가 있었다는 것을 그때 알았습니다.

그 봄, 푸른 하늘에 꿈만 두둥실 띄운 무모한 커플이 갈 곳은 없었습니다. 그의 집에서 약간 부풀려 받은 등록금을 조금 떼어내 그가 다니는 학교 앞에서부터 방을 찾다가 끝내 산꼭대기까지 왔습니다. 그나마 같이 지낼 수 있는 방이 있다는 사실 하나에 뛸 듯이 기뻐하며 우리는 손을 잡고 당장 필요한 냄비를 사러 시장으로 달렸습니다. 어렸을 때 동네 머스마들과 벽

돌가루로 고춧가루 만들고 싱건지나물로 상 차리던 소꿉장난이 현실이 되는 순간이었습니다.

날마다 연탄 두어 장씩 사들고 올라와 불을 살려 냄비밥을 하고 계란프라이 하나에 이마를 맞대고 숟가락을 들이대면서도 이야기는 무궁무진했습니다. 먹고 사는 일이 공부하는 일보다 참 중요하면서 함께 먹으며 이야기를 나누는 일이 얼마나 큰 행복을 주는지 알아가고 있었습니다.

그가 학교에 가고 나면 재래시장을 구경하며 하루치 밥상 차릴 일을 궁리하지만 우리 살림에 살 것은 많지 않았습니다. 감자 몇 개, 꽁치, 두부, 콩나물이 없었다면 우리들의 밥상은 많이 초라했을 것입니다. 나중에 부자가 되어 불란서식 집을 짓고 근사한 입식부엌을 들이면 불고기도 굽고 아이들에게는 밥상보다, 식탁에서 밥도 먹게 하겠다며 희망에 부풀었습니다.

'원, 세상에!……. 집으로 가자.'

어느 날 갑자기 찾아든 그의 아버지는 연탄아궁이와 양은 냄비를 보며 혀를 끌끌 찼습니다. 아버지에 이끌려 석 달 만에 산을 내려오던 날 나는 그곳에 이사 오는 또 다른 학생 커플에게 우리들의 냄비를 선물했습니다.

짧지만 우리가 머물렀던 그곳을 언젠가는 꼭 찾아오리라 다짐하였습니다. 우리를 닮은 그 커플에 이유 모를 동지애를 느꼈던 우리는 한동안 '그들은 잘살아가고 있을까.' 소식을 알고 싫어 했습니다. 그들의 소식이라기보다 그곳에서 행복을 알았던 우리의 흔적을 더듬어가는 시간이었던 것입니다.

그 후 나의 부엌은 점점 넓어지고 수십 개의 냄비를 가지며 일상은 대가족의 밥상을 책임지는 살림으로 커졌지만 이제 세상 어디를 가도 산꼭대기 그런 부엌을 가질 수는 없습니다.

지상에서 그리도 가까이 얼굴을 맞대고 쑥덕거리던 그런 행복은 아무데서나 찾을 수 있는 게 아니었습니다. 둘만의 시간이 하나의 냄비 안에서 얼마나 알짜배기 행복을 만들어냈는지를 돌아보며 돌아오지 않는 그 시간을 그리워할 뿐입니다.

연탄아궁이 앞에 쪼그려 앉아 냄비밥을 하고 밥이 식을까 재빨리 김을 굽던 그 자리는 내 인생의 보물지도입니다.

내 안의 주홍글씨

버진이냐, 아니냐에 목숨까진 아니더라도 결혼생활을 걸어야 했던 선사시대가(자유 의지에 따른 성적 경험 이전) 있었다. 이 이야기는 "누나, 그 남자하고 자지 마요. 나도 잘해요." 이런 영화광고 문구가 대문보다 크게 걸려있는 지금, '할 줄 알아?' 노래가 돌아다니는 세상에서는 통하지 않는 코미디다.

어머니는 화통하고 뜨거운 피의 소유자였는데 딸의 바깥생활에 대해서는 냉혹할 만큼 통제를 했다. 친구 집에 간다면 심중에 깔린 의심을 드러내며 꼬치꼬치 캐묻고 늦으면 혼날 줄 알라고 윽박질렀다. 나의 불만은 다른 친구들은 시험기간에 친구 집에서 같이 밤을 새며 공부를 하는데 나만 그러지 못하게 하는 데 있었다. 아버지는 내게 휘둘려주는 척했던 것인지 속일 수 있었는데 자식을 꿰뚫어보는 어머니의 육감과 신통력은 무서웠다.

억압과 순결 콤플렉스 속에서 자란 나는 서울에서 하숙생활을 하면서 가끔 남자친구들의 스킨십 요구에 부딪히면 엄청난 혼돈이 왔다. 갑자기 내 자신이 무척 더러워진 느낌을 버릴 수 없어서 스스로 견디지 못했기 때문이다. 대학 신입생 때는 일 년 넘게 만나던 한 살 위 오빠가 키스를 하려고 해서 절교를 한 일도 있다. 그런 부자연스러운 태도는 나의 의지라기보다 무의식에 잠재해 있는 부모의 억압이 나를 통제했다고 봐야 한다. 부모를 대할 용기가 나지 않는 정서적 불안이 히스테리를 일으켰던 것 같다. 잘못한 것은 없지만 내 마음 속에 감추어진 '성적인 호기심'을 들키고 만 모멸감 때문에 내 스스로를 혐오하게 되었다. 때문에 차라리 부모가 원하는 그런 얼치기 딸로 있는 게 편하겠다는 자포자기(?) 심정이 되어 성적으로는 자라지 않기로 결심한 것이다. 그런데 그런 피터팬 같은 결심이 나의 인생에는 아무런 상관이 없는 것일까, 남편을 3학년 후반부터 만나기 시작했는데 두어 달쯤 되자 육체적인 접촉 요구가 집요했다. 손잡기나 끌어안기는 예사였지만 키스와 패팅이 만날 때마다 진행되었다. 나는 그럴 때마다 가족들 얼굴이 차례로 떠올라 견딜 수 없었다. 이제는 더 이상 어머니의 딸이 아니지 않을까 뭐 그런 터무니없는 생각을 하기도 했다. 키스 이상은 안 된다는 고집으로 4학년까지 끌고 갔는데 졸업 시기가 되자 그는 자기의 존재를 나에게 확인받으려고 강하게 나오기 시작했다. 둘만의 여행을 떠나야 한다는 억지 논리는 막무가내였다. 자신을 철저하게 거부하는 이유가 무어냐, 다른 이유가 있느냐, 자기가 책임지겠다는데 왜 피하느냐, 그는 상당히 초조한 모습을 보였다. 무언가 서로에게 안심되는 이벤트를 갖기 위해 졸업 한 달 전 우리는 과감하게 대천으로 겨울바다 여행을 떠나기로 했다. 즐겨듣던 노래 속의 겨울바다는 낭만이 넘쳤지만 도착해서 바라본 대천 바다 모래사장은 꽁꽁 얼어붙어 있고 사람도 없어 을씨년스럽기만 했다. 그곳에서 바다를 보며 녹음기에 우리의 과감한 선택을 의식을 치르는 양 녹음하고 허름한 민박집을 찾아들었다. 싸구려 나일론 이불 속에서 좀 싱거우리만큼 거사(?)를 끝낸 후, 솔직하게 표현하면, 행복하지도 않았고 아침이 되자 나락에 굴러떨어진 느낌이 그 아침의 춥고 어설픈 방만큼이나 가슴에 꽉 차 있었다. 원래대로 돌릴 수 있다면 그게 나을 것 같다는 후회가 일었다.

그 후 나는 무언가 잃었다는 상실감에 시달렸다. 이제 나는 친구들과는 거리가 먼 여자가 되었고 부모님이 그토록 원하는 순결한 딸이 아니니 어떻게 처신해야 하나 하는 불안감과 아웃사이더라는 피해의식이 떠나지 않았다. 예상대로 아버지와 어머니는 내 행적에 아연실색을 했다. 나 또한 가족의 그늘에서 비굴하게 지내며 부모님의 절망과 한탄을 겪느니 스스로 버림받는 쪽을 택해야 했다. 그와 머리를 맞댄 끝에 그가 다니는 학교 앞에 방을 얻어 같이 살기 시작한 것이다. 그런 비주류적인 내 행실에 대한 소문은 빨리 퍼져 나가 어느 날은 고등학교 때 친했던 친구에게 만나자는 연락이 왔다. 찻집에 앉아 그 친구는 친구들의 대표인 양 말을 했다. "넌 어린 나이에 너무 큰 바다에 휩쓸려버렸다. 이젠 친구라고 생각하기에는 거리가 느껴진다" 어린 나이에 불결하지 않느냐는 힐난이 담긴 투였다. 자격지심 때문이었을까, 나는 선전포고로 받아들이며 말없이 헤어졌다.

그 뒤로 나는 친구들도 피하고 집안의 대소사에 되도록이면 참석하지 않았다. 철저하게 중심사회에서 밀려나도록 강요받는 분위기를 견딜 수 없었다. 자의건, 타의건 나는 오랫동안 정통 결혼의 서자라는 콤플렉스를 갖고 살았다.

훗날 내가 경악을 한 것은 그렇게 순결을 목숨처럼 내세운 그 선사시대에도 바람둥이가 많았고 그런 경험을 쌓은 친구가 결혼도 선택적으로 더 잘했다는 사실이다.

주홍글씨는 종이호랑이였고 그 종이호랑이에 나는 쫓겨다닌 셈이었다. 세상 경험을 뿌리 삼아 자기 삶의 주체자로 당당히 서야 하는 것을…….

결혼, 서울

결혼식 날짜를 잡은 어느 날부터 나는 점점 우울해져갔다. 아무리 아이 먼저 낳고 살다가 치르는 결혼식이지만 신선도 떨어지는 생선이라도 받은 양 모두 심드렁했다. 부모님까지 헌 신부 취급을 하며 어린 나이에 상의 없이 저지른 혼사니까 별로 챙겨주고 싶지 않다는 의견을 비쳤다. 서로 주고받아야 할 절차만 남은, 김새는 혼례는 사람들을 심술궂게 만들었다.

침울해진 기분을 추스리지 못하던 어느 아침 그의 누이가 방문을 벌컥 열어젖히더니 "박 대통령이 죽었단다." 외쳤다. 순간 밀려들어오는 찬 공기를 마시며 나는 벌떡 일어나 "정말요?" 받아서 외쳤다. 서쪽으로 나 있는 유일한 창문은 아직 밝지 않은데 머릿속으로 하얀 빛이 들어왔다.

"아이고, 이를 어째! 부하한테 총 맞아 죽었대." 누이는 나라가 망하면 어떡하냐고 떨면서 안절부절 못했다.

대통령이 죽었다는 말을 들었는데도 나는 이상한 안도감에 빠져들었다. 그의 죽음은 무관하여 나의 가난한 살림을 바꾸어주거나 부자로 만들어줄 것도 아닌데 왠지 더 이상 체력이 받쳐주지 않는데도 힘겹게 지탱하고 있는 과외를 하러 가지 않아도 되지 않을까, 그런 편안함에 빠졌다. 수면부족에 시달리고 피곤이 겹쳐 수업을 하는데도 덮쳐오는 졸음에 쓰러지도록 탈출구를 찾지 못하던 일상이었다. 아침이면 한바탕 코피를 쏟지 않아도 되고, 학교가 끝난 뒤 과외를 위해 이동하는 버스 속에서 느꼈던 지긋지긋함에서 해방되기를 기대했다. 겨울이면 방안에 연탄난로를 피워도 바깥에서 밀려오는 찬바람에 딸아이의 손가락이 얼어버렸던 집. 여름이면 낮부터 해가 질 때까지 집 안으로 쳐들어와 물고 늘어지는 햇살 때문에 땀을 흘려대던 산꼭대기 서향집을 떠날 때가 된 것 같은 예감이 들었다.

구릉처럼 얕으막한 언덕에 자리잡아 건조한 날에는 늘 작은 운동장에서 먼지가 맴도는 학교에도 가지 않으리라. 햇병아리 교사를 받아 준 유일한 곳이었는데 나는 대통령의 죽음에서 이기적인 꿈을 꾸었다. 수업을 하러 간 학교에서 아이들이나 선생님 모두 술렁이며 서성댔다. 모두들 나처럼 대통령의 죽음을 빌미로 자신이 처한 어려움에서 벗어나는 꿈을 꾸고 있는 게 분명했다. 과외를 간 집에서도 아이들은 들썩였다. 무언지 모르게 들떠 있어 수업을 하지 말자는 중학교 3학년 아이들을 다독여 억지로 끝마쳤다.

한동안 서울 거리는 불이 꺼진 채 어두워지고 늦은 시간 다니지 않도록 계엄령이 내려졌다. 치안을 수습하느라 서울은 수시로 바람에 흔들렸다. 꽤 오랜 기간 변화가 없었던 것일까, 사람들은 그동안 몇 가지 정해진 틀 안에서 살아가는 것에 익숙해져서인지 불안감을 떨치느라 더 큰 소용돌이를 만들어 갔다. 전쟁이 일어나지 않을까, 이민 가는 것이 낫지 않을까 소문들이 꼬리별처럼 이어졌다. 어느 것 하나 분명하지 않건만 외국으로 이민 가서 사는 사람들은 아는 사람들에게 '나라 밖에서 보고 듣는 소식'에 의지해 곧 전쟁이 일어난다는 소문이 돌고 있다며 탈출하라고 충고했다. 장발 단속, 미니스커트 단속, 학생집회 불가 등 사소한 것까지 억압을 당했던 사람들은 자신의 내면이 알게 모르게 침잠된 것조차 모르고 있어 두려움이 많아졌다.

'풍파가 많은 사람이라 결혼식 때도 시끄럽구만.'

어머니의 투덜거림 속에 결혼식을 마치고 방학이 되었는데 남편이 첫 발령지인 강릉으로 먼저 떠났다. 나는 학교와 과외 모두 그만두고 두 돌이 막 지난 딸과 함께 이삿짐을 실은 트럭을 타고 서울을 떠났다.

그해 겨울 내내 햇볕을 처음 만나기라도 하는 양 따뜻한 햇볕을 쪼이며 거리를 쏘다녔고 온기를 싣고 오는 바람을 마시며 시장을 다녔다. 재미없고 짜증난다고 징징대는 아이를 데리고 경포대에 나가 겨울바다를 실컷 보며 잊고 지냈던 낭만을 만끽했다.

그때 비로소 학보사 기자를 하다가 민청학련에 관련되었다고 제적당했던 과 친구를 떠올리며 무엇을 할까 궁금해 하기도 했다.

따뜻했던 겨울이 끝나고 봄을 맞은 강릉에도 춥고 썰렁한 바람이 불기 시작했다. 고달픔과 이별했다고 행복해했지만 3개월 만에 서울로 발령이 난 남편을 따라 강릉을 떠나와야 했다. 그해 전두환 군사정권하의 서울 거리는 봉기한 학생과 시민들로 날마다 인산인해였다. 나 역시 날마다 강릉으로 돌아가는 꿈을 꾸면서 겨울이면 학생들을 모으는 일로 애를 쓰던 학교로 돌아갔다. 학교 운동장에는 여전히 바람이 불고 먼지가 돌아다녔다. 나아진 게 없고 달라지지 않은 학교에서 나는 초라한 나를 발견할 뿐이었다.

서울은 봄이 되자 엄청난 자유를 얻은 것처럼 들떴지만 광주 민주화 운동이 유언비어라는 방송을 들으며 아무 것도 언어낼 수 없고 어떤 행위도 할 수 없는 부자유 속에서 살 뿐이었다.

≪감옥으로부터의 사색≫을 쓴 신영복 교수는 1988년에야 특별가석방되어 20년 동안 살았던 감옥을 떠났다. 대통령은 죽었지만 새로운 독재가 시작되었는지 나와 동갑내기인 ≪야

생초 편지≫ 작가 황대권 씨는 1984-5년도쯤 뉴욕에서 제3세계 정치학을 공부하다가 학원 간첩단 사건 조작극에 말려들어 1998년까지 13년 동안 황금 같던 청춘을 감옥에서 보내게 된다.

나무들마다 깃드는 바람이 다르듯 사람에게도 밀려드는 운명의 바람은 달라 보이지 않는 무엇이 지배를 하고 있었다.

— 알베르 카뮈 '결혼, 여름' 제목 패러디

개구리 뒷다리

천경자 화가는 배추밭 풍경을 보면 '나는 살고 있구나.' 하는 느낌을 받는다고 했다. 그녀는 배추색을 '생명을 확인하는 색'이라고 불렀다. 그녀의 미감에서 나는 공감대를 갖는다.

개구리를 생각하면 목숨을 떠올리기 때문이다. 윤기 나는 배추색을 몸에 두른 채 튀어오르는 개구리를 이제는 만나기가 쉽지 않다. 서울을 벗어난 들녘에서도 제대로 볼 수 없다. 겨울이면 손가락이나 발가락이 살짝 얼어버리는 동상 피해를 겪곤 했던 어린 시절 얼어버린 땅속에서 겨울잠을 자다가 팔다리가 멀쩡한 채 튀어나오는 개구리는 신기했다. 트고 갈라진 내 손등에 개구리를 잡아올리면 미끌미끌한 빛깔과 튀어나온 눈으로 껌뻑이다가 폴짝 뛰어나갔다. 모내기철 개구리 울음 소리로 사방이 꽉 찰 만큼 개구리들이 흔했던 날은 다시 오지 않는다.

경동시장에서 개구리 뒷다리를 한 묶음 산 적이 있다. 몸이 약한 아들을 볼 때마다 나는 자책을 해대며 무언가를 끓이고 먹지 않는 콩이나 시금치 따위를 다른 음식 속에 넣어 만들어 보며 늘 아이 몰래 음모를 꾸몄다.

"아이는 일곱 번 죽을 고비를 넘겨야 한다."는 말도 있지만 아이가 시들한 기색으로 숟가락을 놓을 때마다 정성이 부족한 것일까, 마음을 졸였다. 일상이 아이를 생각하는 부담으로 짓눌려 시장에 가도 희귀한 먹거리에 눈이 갔다.

그러다가 우연하게 들른 시장에서 개구리 다리를 발견한 것이다. 그래, 바로 이거야. 단숨에 집어들고 마음이 급해진 나는 집으로 달리다시피 돌아갔다. 서둘러 개구리 다리를 솥에 넣고 푹 고아 뽀얀 국물을 냈는데 아들녀석은 개구리라는 말에 깜짝 놀라 징그럽다며 달아나버렸다. 먹을 것도 많은데 하필 개구리냐며 혐오하는 아이에게 차마 엄마도 개구리를 먹고 튼튼해졌다는 말로 상처를 줄 수 없었다. 며칠 키우던 병아리가 죽었다고 울던 마음 약한 아이였다. 녀석의 가느다란 팔다리를 생각하면 한시가 급하고 무엇이든 어미가 주는 먹거리를 삼켜주어 명줄을 잡았으면, 하는데 아이는 음식에 대한 거부가 많았다.

"아이에게 공을 들여야 제대로 큰다."는 스님의 말에 덜미가 잡혀 아무도 모르게 절을 찾아가 공양을 올리며 차라리 나의 목숨을 좀 줄여달라고 애를 태운 날들이었다.

식욕을 잃고 제대로 자라지 않는 아이를 보며, 나는 봄날 개구리를 고아주던 아버지를 생각했다. 폐렴을 앓다 죽는 아이들이 많던 그때 나는 두 돌을 지나면서 폐렴을 앓다가 겨우 살아났다. 그 후로 나는 늘 잔기침에 시달렸다. 쇠고기는 한 달에 한 번 강물에 배 띄우듯 국으로 끓여 먹던 살림에 마땅한 먹을거리가 있을 리 없었다.

내 기침소리는 겨우내 아버지의 가슴을 까맣게 태웠을 것 같다. 봄이 되면 기다렸다는 듯 아버지는 밭두렁에 작은 솥을 걸어두고 개구리를 잡아 고아주곤 했다. 논둑이나 밭고랑 옆 개골창에서는 개구리들이 폴짝거렸다. 개구리 목숨을 담보로 딸을 구완하려는 아버지의 마음을 알 리는 없었지만 국물을 잘 마셨던 것 같다. 이웃 마을에 결핵을 앓던 가족이 차례로 아버지부터 아들, 딸까지 죽어나가자 죽음에 대한 공포는 가까이 다가왔고 병원도 흔하지 않던 때 죽은 사람과 같은 병을 앓게 되면 살지 못한다는 강박관념이 아버지를 헤어나지 못하게 했을지 모른다.

이리저리 뛰는 개구리를 왼쪽 다리는 허벅지까지 의족을 끼고 살았던 아버지가 어떻게 잡으러 다녔을까 봄이 되면 한번씩 생각을 한다.

더 미쳐야 피는 꽃

세상 꽃들이 나를 무시한다

잘 피어난 꽃들을 보면, 피기도 전 모가지 툭 떨어뜨리던 동백이 생각나 좌절하고 만다. 내 인생에서 꽃 한 송이 제대로 피우지 못했다고 생각하며 자기 분야에서 능력껏 피어난 꽃들을 질투한다. 나에게 없는 정열이 갖가지 색깔로 흔들리며 나의 두능을 탓하는 것 같다. 꽃봉오리를 내밀었을 때 그들은 젖 먹던 힘까지 쏟아부었을 테니 꽃이 열리는 최고봉 그 순간은 아무나 붙잡을 수 없다. 정열을 다해 미쳐야 꽃도 피워낼 수 있기 때문이다. 모든 게 생각으로만 맴돌고 뜨뜻미지근하여 밤새워 공부한 적 없는 나를 돌아본다. 배움이든, 관계이든 몰두하여 끝을 내지 못하고 '언젠가 제대로 완성해야지….' 이런 핑계를 대며 미루어둔 것 투성이다. 어머니는 나를 '무능하다.'고 했고 누군가는 답답하다며 짜증을 냈다.

동백을 키우다 번번이 실패를 했던 일은 내게 상처로 남아 있다. 제라르 드빠르디유가 나오는 〈그린카드〉 영화에서 보았던 유리 온실을 꿈꾸던 나는 한 때 베란다에 많은 화분을 사들였다. 그중에 붉은 꽃을 잔뜩 매달고 있는 동백꽃이 나를 사로잡아 몇 개 구입했는데 그해만 꽃을 달고 있다가 동백은 시름시름 죽어갔다. 여름 더위에 꽃눈을 틔웠다가 겨울이 오면 슬슬 꽃봉오리를 내밀기 시작하는 동백, 나는 붉은 그 꽃을 볼 시간을 기다리며 화분 앞을 서성이고 물을 주었다.

'언제 필래? 슬쩍 내밀지 말고 활짝 피어야 한다.' 주문을 걸어두곤 했는데 영양제도 상관없었는지 막 피어나기 전 꽃봉오리인 채 점점 말라가다가 어김없이 자기 모가지를 부러뜨렸다. "눈물처럼 후두득 떨어지는 꽃"이라 송창식은 노래 불렀지만 나는 꼭 아기 낳다 죽은 산모를 보는 것 같아 조금만 더 힘주지! 안타까움으로 내 몸을 떨었다.

동백꽃도 나를 거부하다니……. 떨어진 동백꽃봉오리를 들 때마다 심장이 쿵 내려앉았다. 기르던 꽃들이 죽거나 잘 되지 않으면 나는 내 능력의 한계라 느껴 기력을 잃고 죽고 싶었던 것이다.

문학에 미칠 일이다.

'내 인생은 왜 제대로 한 번 피지도 못하고 늘 이럴까'

어린 시절 동네 알코올 중독자들이 끝장을 보겠다는 듯 그악스럽게 주사를 부리고 주변 사람들에게 상처를 주는 것을 보면서 '돌이킬 수 없는 것들'에 대한 생각을 많이 했다. 그런 영향인지 나는 무엇이든 적당히 하다 그만두었다. 악착스럽게 매달려 도달해 본 게 없다. 밤을 새워 시험공부 한번 한 적 없으니 성적은 바닥이고, 사춘기 때는 다이어트한다며 실컷 먹지도 못한 채 먹다 말았으니 마디게 자란 나는 키도 작아 주눅들고 쭈뼛거리며 친구들 뒷전에 숨어 지냈다. 몸치에다 뜸지근하니 춤이나 운동도 배우다 그만둔 것 투성이다. 성인이 된 후에도 고질병으로 나타나 살사댄스, 테니스, 수채화, 볼링 등……. 몇 달 다니다 그만 두고 말았다. 피아노, 영어회화도 반거충이로 끝났다.

이성한테 몰입하는 일도 체면만 세우느라 '오는 사람 쫓고 가는 사람 더 몰아내는' 식이었으니 불지르고 불타는 연애를 어찌 할 수 있을까. 무엇이든 정성도 들이지 않고 흑즉학죽하여 끝을 못 내니 "제대로 끝내는 게 없냐?"는 핀잔을 듣기도 했다. 돌이킬 수 없는 연애에 빠져 가족에게 돌아오지 않은 친구를 보면서 깊이 빠져들지 못하는 내가 부끄러웠다.

나한테 오는 모든 것은 죽어버리거나 살기 위해 도망가는 것일까?

그가 내 곁을 떠날 때 던진 말은 나에게 평생 풀 수 없는 숙제가 되었다. "너하고 살면 일도 안 풀리고 말라비틀어져 죽는단다."

떠나거나 죽거나 한 내 인생에서 살아남은 문학 하나!

"미칠수록 낫다"고 한 어느 작가의 말처럼 문학에 고마워하며 남은 시간 억수로 미쳐야 할 일이다. 시간 날 때만 문학을 생각하고 짜투리 시간에 글을 쓰고 아니면 말고 방식도 버려야 한다. 잠잘 때도 문학 속에서 잠들고, 꿈도 문학 안에서 가꾸는 것이다.

문학은 생각을 필요로 하는 분야인데 생각으로 생각을 모아 생각으로 일어서고 생각으로 탑을 쌓아 그 안에서 제대로 미칠 일이다.

아주 특별한 만남

세상에는 내가 느끼지 못하고 미처 보지 못해도 원하지 않아도 찾아들어 뿌리내리며 나의 일부가 되어버리는 연결 고리의 힘이 존재한다. 그런데도 그 힘은 바람이나, 숨소리, 눈길을 닮아 언제나 고요할 뿐이다. 그것은 낮과 밤의 대비처럼 선명해서 극적인 깨달음을 주기보다 해 질 녘 노을, 동틀 무렵 여명같이 얼핏얼핏 아슬아슬하게 엇갈리며 나타난다. 나는 여기 있고 그들은 그곳에 있는데도 많은 것들이 닮아 있을 때 나는 전율하고 만다.

나는 아직도 한 번 다녀온 헝가리와 불가리아를 잊지 못하고 있다. 그곳은 이 세상에 존재하는 만남의 흐름에 대해 늘 생각하게 만들었다. 허기진 마음을 달래듯 두 그릇이나 시켜 먹었던 헝가리 육개장은 이곳이 어쩌면 한국인의 뿌리가 시작되는 곳이 아니었나 할 만큼 동질의 기류가 넘치고 있었다.

매듭으로 엮어 벽에 걸어 둔 마늘을 보고 어찌 그들을 그냥 모른 체할 수 있을까. 빨간 고추를 널어놓은 뒷골목과 재래시장에는 어렸을 적 먹었던 못난 가지, 새우등처럼 휜 오이, 토마토가 그대로 있었다.

불가리아의 자유 식당에서 먹었던 고기완자와 볶음밥, 9월에도 봄날처럼 햇살이 따사로웠던 그들 길에 피어난 민들레는 그대로 눌러 살아도 고향을 잊겠다 싶을 만큼 편안하게 만들었다. 그때 나는 길을 잃은 환상에 빠진 채 길가에 앉아 바람과 햇살을 느끼며 돌아가고 싶지 않은 충동을 눌러야 했다.

바람이 불고 그 바람결을 따라 사람들의 숨결도, 생각도, 마음도 흩어지는 것을 막을 수는 없다. 인간은 자신이 원해서 만드는 직접적인 인연의 고리도 있지만 곁가지처럼, 물살처럼 퍼지면서 파생적으로 이어지는 중심 외적인 관계도 숱하다.

황해도 해주에서 결혼하여 딸까지 낳고 살던 나의 아버지는 부모님과 다섯 삼촌과 칠 남매의 그 많던 가족의 인연을 송두리째 뿌리치고 남쪽으로 내려와 열두 살이나 아래인 처녀와 다시 결혼을 했다. 그래선지 전쟁을 겪고 다리까지 한쪽 내준 대가에 비해 아버지의 삶은 고단하고 참 쓸쓸했다. 아버지의 그늘에서 나는 다른 친구들에 비해 적적하게 자랄 수밖에 없었다. 할아버지, 할머니, 고모나 삼촌이라고 불러 볼 대상도 없고 어울릴 일가 언니 오빠도 없는 그 막연함과 답답했던 경험은

다 자라고 난 후에도 대인관계에서 자연스럽게 풀 줄을 모르고 수줍음 타는 사람으로 만들곤 했다. 명절이면 오히려 쓸쓸했던 우리 집은 독자였던 외삼촌이 불러주지 않으면 갈 곳이 없었다. 오랫동안 외딴집에서 동생들하고만 살았던 나는 보리나 오이, 토마토가 자라고 있는 벌판에서 조금 야생적인 기질을 갖게 되었을 뿐 어리숙하고 단순했다.

그런 내가 처음 남편을 만나면서 촌수도 혼란스러운 그의 많은 형제와 친척들의 출현에 놀랐다. 남편에게 연결되어 있는 인연의 고리들은 생각보다 번잡하고 그만큼 서로에게 갖는 애증의 골도 깊고 컸다. 나는 그 복잡한 만남의 인연에 어떻게 대응해야 할지 몰라 이방인처럼 굴곤 했다. 서투름 때문에 빚는 오해도 많아 내성적인 나는 소심증이 생기고 걸핏하면 아버지가 살던 그 적적함 속으로 돌아가 버리는 꿈을 꾸곤 했다. 사람과의 만남을 소중하게 생각하기보다 서슴없이 내치려는 못난 마음이 나를 지배하기 시작했다. 핏줄끼리의 끈끈함을 과시하며 내게 배타적이다가 궂은일에만 끼워주는 냉혹함과 변덕에 목이 졸려 나는 심신이 마르고 예민해져 있었다. 파리해진 나를 만나면 친정어머니는 어디 아프냐고 묻곤 했다. 나는 차마 외딴집으로 돌아가고 싶다는 말을 꺼내지 못해 아버지 소식만 물어댔다. 아버지는 왜 나를 데려가지 않을까….그런 당치도 않은 기대를 건 시간들이었다.

그런 어느 날 시댁 장조카 결혼식에서였다. 양쪽 집안 모두

어지간한 일가들은 다 모였는데 어찌된 일인지 시집 혼사에 나의 외가 오빠와 올케 언니가 와 있었다. 우리는 똑같이 웬일이냐고 놀랐다. 신부는 내 사촌올케의 여동생이었다. 우습기도 하고 뭔가가 내 발목을 잡고 깊이 끌어당기는 기분을 버리지 못했다. 어떤 질긴 연으로 남편의 집안은 '나' 말고 나의 외가 쪽하고 또 맺어지는 것일까.

그가 없으면 안 될 것같이 절실하던 마음은 날아가 버리고 미움으로 가득 채워져 먼 훗날에는 결코 이런 엉성한 인연은 시작하지 않겠다고 다짐했는데 이미 나는 민비의 후손이라며 자부심으로 뭉쳤던, 진열장에 있는 활옷을 걸치고 있는 듯 어색하여 거부감을 주었던 민씨 집안사람이 되어 있었다.

가끔 조카며느리가 된, 내 올케언니의 동생이 흔들릴 때 나는 만남의 덫을 생각한다. 그녀도 예전의 나처럼 떠나는 생각을 수시로 하고 있을까.

그러나 헝가리의 육개장처럼, 불가리아의 고기완자처럼 낯선 여행자를 끌어당기는 알 수 없는 기운에 밀려 우리는 세상을 떠돌며 만남의 닻을 곳곳에 내릴 뿐이다.

잘 참아내는 일에 대한 분노

나는 좀 아둔한 편이다. 대체로 이해관계를 따지는 일에 서툴다고 적극적으로 나서서 스스로를 위해 변명하거나 이익을 챙기는 일은 더듬하다. 큰 손해 없으면 어지간한 일은 참고 견디면서 그냥 넘겨 버린다. 참는 일에 익숙해서인지 불평을 하거나 대드는 쪽보다 참는 게 더 편했다.

어려서부터 부모님이나 주변 사람들에게 "맏이인 네가 참아라."라는 다독거림을 많이 들었다. 언제나 "네가 누나니까 동생에게 양보해라, 참는 사람에게 복이 온단다, 악한 끝은 없어도 참고 착하게 지내면 좋은 끝을 본단다." "참을 인忍 자 셋이면 살인을 면한다." 등 잘 참는 사람이 좋은 사람대접을 받는 것처럼 세뇌를 받은 편이다. 참는 일이 진정 어떤 것이지도 모르면서 참기만 하면 좋은 일이 내게 벌어지려니, 믿었다.

참으라는 말을 귀가 아프게 들었던 경우는 아버지와 어머니가 부부싸움을 할 때였다. 말귀를 알아들을 무렵 나는 '참는 게 무엇일까.' 궁금해지기 시작했다. 왜냐하면 아버지, 어머니가 부부싸움을 시작하면 옆집, 앞집 아주머니 아저씨들이 달려와서 아저씨는 아버지를 붙들고 무조건 참으라며 무마시키느라 애를 쓰고 아주머니는 어머니를 부엌으로 데리고 가서 여자니까 무조건 참으라며 달래고 다독거렸다. 동네 어른들이 모두 입이 닳도록 했던 말이 '그저 참아야 한다'는 몇 마디였다. 그런 소동을 겪을 때마다 나는 참는 일이 무얼까 의아해하며 생각에 빠졌다. 참는 일은 굉장히 두렵고 어려운 그 무엇, 도달하기 어려운 대상으로 느껴졌다. 결코 쉬운 일이 아니니까 아버지, 어머니 동네 사람들이 저렇게 매달려 쩔쩔매는 것이겠지 판단하며 '참는 것'에 경이감을 가졌다. 부모님이 부부싸움을 벌일 적마다 나는 속으로 다짐을 하곤 했다. 나는 꼭 참는 일을 잘해내서 저렇게 온 동네를 발칵 뒤집어놓지는 않을 거야 .

언제부터인가 내 귀에 익숙해진 칭찬은 거의 "애가 참을성이 강하다."라는 말뿐이었다. 그것은 마치 닳아빠진 책상 모서리 형상이었는데 나는 점점 잘 참아내는 일에 대해 긍지를 가지게 되었다.

결혼을 해서도 당연히 참을성의 대가처럼 나를 내세우기보다 순종하고 견뎌내는 일에 진면목을 보였다. 차남인 남편이 여러 가지 이유로 부모님을 모셔야 했을 때도 묵묵히 따랐다.

집안 대소사를 혼자 거뜬히 해낸다든지, 질투심 많은 시누이가 퍼뜨리는 험담과 부당한 언사에도 참는 게 대수인 양 말을 삼키고 있을 뿐이었다. 어떤 대응을 한다든가, 항변을 하고 이치를 따지는 일은 엄두를 못 냈다. 시부모님도 "여유가 있고 더 배운 네가 참아라." 이런 당부를 수시로 하며 내 참을성을 칭찬했다. 친정어머니도 "배운 여자일수록 네가 참고 잘 처신해야 한다."며 참을성의 덕목을 앞세웠다. 그렇게 참아내는 일에 길들여진 내가 어느 날인가 딸아이의 친구들을 놀러오지 못하게 막는 시아버지에게 강한 어조로 나의 의견을 내세우는 사건이 일어났다. 상당히 이유 있는 제안인데도 그 일은 집안을 시끄럽게 하고 말았다. 시아버지는 앓아누운 채 아들을 불렀고 가족들은 내 태도를 문제 삼았다. '실망했다', '교양 있는 사람은 그러면 안 된다', '다른 사람 모두 함부로 행동해도 너만은 그러지 않을 줄 알았다.' 등 비난 섞은 윽박지름에 곤욕을 겪고 할 수 없이 무릎을 꿇고 말았다.

그들은 부모에게 대들고 때로 칼부림을 해도 충분히 그럴 수 있다고 이해받는 사람들이었고 나는 무슨 일이든 참고 견뎌야 하는 대상이었다.

그러나 아이러니컬하게도 이런 나를 남편이 지겨워하기 시작했다. 분명하게 의사표현을 하지 않고 우물거리는 나를 못마땅하게 생각했다. 나도 내 자신이 싫어졌지만 무언가 보이지 않는 억압 속에서 하루아침에 자신을 바꾼다는 일이 쉽지 않았다. 참기만 하고 자신을 드러내지 않는 일이 상대를 얼마나 숨막히게 만들고 있었던가. 내게 슬슬 형체도 없는 분노가 일기 시작하면서 '나는 바보였을까.' 그런 피해의식까지 생겨났다. 친구들과 비교하면서 나는 참고 침묵하며 자기 할 일만 하는 사람보다 자기 표현을 지혜롭게 하면서 당당하게 사는 친구가 낫다는 결론을 내리기도 했다.

이제는 사회가 달라졌다. 어디에서건 누군가를 붙들고 참으라고 곁에서 달래는 사람을 보기 힘들어졌다. 다만 곳곳에서 큰 목소리로 자기가 옳다는 주장을 하며 소리 지르는 광경만 눈에 띈다. 자동차가 질주하는 대로에서 자동차끼리 접촉사고가 나면 사람들은 먼저 우기고 고함지를 태세부터 갖추고 자동차에서 내린다. 참고 조용히 무마하려는 사람들은 극히 드물다. 신세대들은 더욱 참고 견디는 것을 무능하다고 생각한다. 어디가 부족하니까, 자신이 없거나 겁나니까 당하고만 있지, 이렇게 여긴다.

참는 자의 덕이 사라져버렸다. 잘 참아내는 것에 대한 분노만 있을 뿐이다.

주식시장의 남자들

그의 정신을 빼앗고 혼을 담보로 대박꿈을 버리지 못하게 붙들고 있는 기류는 무엇일까.

코스닥, 벤처열풍, 인터넷 사업, 비트코인, 로또복권 등…. 이 사회의 부추김은 한 판 벌이고 있는 푸닥거리다.

세상 뿌리나 다를 바 없는 서민들 삶을 뒤바꿀 것같이 떠들썩한 기운은 머지않아 어떤 형태로든 혁명을 벌일 눈치다. 틈만 나면 컴퓨터 앞에 앉아 유망 종목을 발굴하고 미로 같은 데이 트레이딩에 돈을 흘려넣으며 계산기를 두들겨대는 그는 시대의 농간에 휘둘리고 있는 희생자임에 틀림없어 마음이 아프다. 너무 깊이 빠져 들어간 그를 꺼내 오려면 우화에 나오는 '공주 구해내기'처럼 지옥을 건너고 뿔이 백 개쯤 달린 악마를 물리친 다음 수천 년 묵은 뱀을 속이는 지혜까지 써서 구해내야 할 것 같다. 그는 가족과 상의도 없이 작은 아파트 한 채를 날리고 딸의 혼수 밑천이라고 생색을 냈던 땅을 담보로 주식투자를 한 것도 성에 차지 않았는지 집까지 은행에 맡기고 주식을 한다. 그는 십수억의 돈을 잃은 자신에게는 그럴 수 있는 일이라고 한없는 연민을 보내며 너그럽다. 하지만 십만 원 대의 옷을 사달라고 쭈뼛거리는 아이에게는 분수 모르는 사치에 허영이라고 단호하게 결박 짓는다. 속아서 잃은 돈만큼 지혜를 산다고 했지만 그만큼 잃었으면 지혜는 사지 않아도 될 것 같다.

비상시에 자기 몰래 금쪽같이 쓰고 있다는 비자금도 만들 줄 몰랐던 아내에게 딴 주머니라는 동기부여를 하며 주식을 사고파는 남자. 이제 어디를 가건, 크건, 작건 대박 신드롬에서 헤어나지 못하는 남자를 만난다. 그들은 직장 사무실에서 컴퓨터 모니터와 독대를 하고 있다.

그들을 보며 노신의 소설 〈아Q정전〉의 주인공 아Q를 생각한다. 아큐는 중국이 근대화로 넘어가던 과도기의 희생자다. 아Q라는 이름도 상징이다. 왜냐하면 당시의 중국은 이름자에 영어 글자 하나 안 들어가면 사람 취급을 받지 못할 만큼 개화에 열을 올리고 있었기 때문이다. 그는 뿌리도 없는 자신의 출생을 가지고 마을 사람들이 놀리는 게 싫어 근사한 족보를 꾸며낸다. 그것은 돈을 주고 사는 수완도 아닐 뿐더러 남의 집에 양자로 입적하는 합리적이고 절차적인 방법도 아니다.

그냥 마을의 유지와 가까운 친척이라고 거짓말을 떠들고 다닌다. 하지만 그 거짓말은 금방 들통이 나 오히려 마을 유지의 명예를 손상시킨 대가를 지불해야 했다. 가진 것도 없이 동네 사당에서 겨울을 나는 그는 벌금에 해당되는 여러 가지를 마을 유지와 촌장에게 바치고 만다.

아큐의 삶은 늘 그렇다. 속이 뻔히 보이는 잔머리만 굴리다가 사람들에게 당하고 손해를 본다. 또한 강자에 약하고 약자에 강한 아큐는 쓸데없는 자존심은 높아서 싸움에 질 때는 정신적인 승리법으로 자신의 비겁함을 합리화시킨다. 마을에 혁명 기운이 불자 혁명이 무언지, 세상으로부터 왜 그런 기운이 닥치고 있는지 알지 못한 채 덩달아 혁명한다고 날뛰고 다닌다. 마치 이번만은 자기도 세상으로부터 절대 소외당하지 않겠다는 의지를 불태우듯 마을로, 비구니만 사는 절로 뛰어다니며 혁명을 해야 한다고 부추긴다. 그러나 혁명의 기운이 사라지고 다시 정부가 정립되자 혁명을 주도한 세력의 색출이 시작된다. 정작 혁명에 가담했던 마을 유지는 빠지고 아큐는 혼자 모든 죄를 뒤집어쓴 채 총살을 당하고 만다.

우리는 아큐를 읽으면서 그의 어리석음과 번번이 당하는 창피와 손해를 비웃어주지만 그런 아큐는 우리의 모습이지 않을까.

지금 우리가 의연하지 못한 채 휩쓸려야만 하는 여러 가지 이상한 기류를 볼 때 우리 시대도 어쩔 수 없이 아큐 같은 사람들로 꽉 차 있다는 느낌을 갖는다.

미국 대통령의 말 한마디에 흔들리며 나라의 미래를 점쳐야 하는 아큐들. 미국대통령 취임식 날 거창한 초청장을 받은 듯 미국으로 단숨에 날아간 우리나라 의원들을 보면 마치 아큐가 마을 유지의 친척이라고 거짓 자랑을 하며 우쭐해했던 모습과 영락없다. 미국 대통령과 악수 한 번 했다고 그의 족보가 달라질까. 기념사진 찍고 아큐처럼 거들먹거리면서 사무실에 걸어두는 어리석음을 본다.

염색을 하지 않으면 완전 백발인, 대박에 목숨 건 남자를 보면서 우리 시대의 또 다른 아큐를 떠올린다.

3부

아브라함의 길
감을 놓는 계절
털신을 사던 날 소녀의 운명은
열쇠
그 아이의 낡은 신발에 꽃을 심는 까닭
꿈속의 고모
양파 까는 날
벚꽃과 사월
숟가락 하나 더 놓았던 풍경
굿을 하는 마음

아브라함의 길

그해 여름은 잔혹했다. 대학을 졸업하고 삶, 그 거대한 바다에 내던져졌지만 어느 쪽으로도 홀로서기를 못한 내게 철퇴를 친 격이랄까. 아버지의 그늘에서 아버지만이 인생의 항해사이고 신으로 철석같이 믿고 있었다. 불행이나 죽음에 대해 아무런 준비가 없던 내게 아버지의 교통사고는 엄청난 시련이었다.

뇌를 다친 채 하루아침에 식물인간이 되어버린 아버지와 12살 아래인, 그래서 때로는 아버지에게 반 억지 응석을 부리곤 했던 어머니의 넋 나간 모습, 어린 세 동생, 그리고 도움을 청할 만한 변변한 친척이 없다는 사실이 끝없이 막막하게 했다.

땡볕 아래서도 허물어지고 녹아내리는 가슴을 움켜잡고 추위에 떨었다. 산소 호흡기에 매달려 헉헉거리고 기도를 막는 가래 때문에 목을 뚫은 아버지의 모습은 '마침내 거듭되는 고난에 굴복한 채 이제는 나도 어쩌지 못하겠구나.' 말하는 듯하여 아버지를 바로 보기가 두려웠다. 게다가 끝내 불효한 딸로 남았다는 죄책감이 나를 탈진시켰다. 낮이면 동생들과 경찰서로, 검찰로 사고를 낸 운전수에게로 뛰어다니다가 저녁이면 병원에서 얼굴을 마주했지만 우린 서로 아무런 말을 꺼낼 수 없었다. 어쩌면 서로에게 풍겨 나오고 있는 절망과 공포를 읽으며 제각각 추스르기도 버거웠는지 몰랐다. 다만 아버지가 누워있는 중환자실이 보이는 병원 길가에 돗자리를 깐 채 별을 보며 기적을 기다렸다. 아버지는 틀림없이 우리를 버려둘 수 없는 의지 때문에 다시 일어날 거라고 믿었다.

동이 터 오면 밤사이 저승사자의 호출 같은 ○○○ 씨 보호자 분이라고 불리지 않았다는 사실에 안도의 숨을 얼마나 내쉬었던가. 옆에 있던 다른 환자 가족들이 그렇게 한밤중에 불려 갔다 오면 어김없는 사망통보였다. 소생을 기다리던 환자 가족들이 낙심천만하여 통곡하면 어머니도 덩달아 하염없이 울었다. 어머니의 울음소리는 하도 질겨서 어느 땐 어머니에게 버럭 화를 냈었다. 어머니의 무기력해져 가는 모습이 싫었기 때문이었다.

그때 누군가가 환자를 위한 기도를 권했다. 기도라는 말이 참 따뜻하고 포근하게 들렸다. 아버지가 정말 기도 소리와 함께 살아날 수 있을 것 같았다. 아버지 요셉은 비록 냉담자였지만 살려만 주신다면 가족 모두가 천주교에 귀의하겠다고 간절히 기도했다. 아버지는 주검처럼 누워있었지만 분명히 뭔가 느끼고 계셨다. 신부님의 기도 소리에 주르륵 눈물을 흘리셨다. 아버지는 가끔 혼수상태로 누워서도 아버지 귓가에 대고 "아버지 빨리 일어나야죠." 하면 눈물을 흘리곤 했었다.

아버지는 종부성사를 받으신 얼마 후 숨을 거두셨다. 형제나 일가친척 없는 아버지의 마지막 가는 길에 종부성사라도 해 드린 건 참 다행이었다.

아버지는 천주교 공동묘지 언덕에 작은 비석과 함께 누우셨다. 나는 비석 앞에서 맹세를 했었다. 이 길로 서울에 돌아가면 곧바로 성당에 다니고 신실한 신자가 되리라. 그것만이 아버지를 위한 길이고 그동안의 불효까지 모두 씻을 수 있을 것 같았다. 장례 후 어머니와 동생들은 성당에 나가고 영세도 받았다.

그런데도 나는 맹세를 12년이나 유예시켜 왔었다. 그렇다고 스스로와의 약속을 잊은 건 아니었다. 오히려 가슴에 돌을 단 느낌, 숲정이 성당에 빚을 진 마음은 늘 버릴 수 없었다.

고향에 가면 어머니는 잠자는 내 머리맡에서 새벽기도를 올리며 지키지 않는 맹세에 침을 놓았다.

그러던 중 먼저 영세를 받은 대학 동창이 예비신자 교리를 권했다. 기꺼이 교리 공부를 시작한 나는 드디어 스테파니아라는 이름의 신자가 되었다. 물론 아버지와 가족들을 생각하면 뒤늦은 영세는 비 그친 데 우산 꺼낸 격인지 모른다.

그런데도 하도 대견하여 길가 집 노인네가 하릴없이 앉아 바깥을 내다보다가 사람만 지나가면 말을 걸듯이 만나는 사람마다 묻지도 않았는데 자랑을 한다. 저 영세 받았어요. 본명은 스테파니아예요. 첫 순교자래요.

감을 놓는 계절

잘 익어가는 가을이다. 낙엽 구르는 길가 붉은 감이 눈길을 끈다. 가을이 열리면 으레 떠나는 단풍구경처럼 감도 몇 번 사먹게 되는 가을 과일 중 하나다.

상가 입구 노점에서 감 한 봉지를 산다. 감의 그 얇은 피를 벗기며 달고 시원한 과육을 먹는 맛에 흥분한다. 목을 타고 넘는 단맛에 길들여진 나는 마음이 급하다. 단숨에 한 개를 먹고 거푸 두 개까지 삼켰다.

문득 새 소리가 청아하다. 아침 새소리는 더욱 맑아 마치 새벽 창문을 열고 바람을 맞는 기분이다. 가을은 모든 것들을 맑게 하는 기운이 넘쳐 소 발자국에 고인 물도 먹는다 하였다. 새소리를 들으며 감을 삼키니 가을 계곡의 맑은 물 한 사발을 마시는 듯하다. 상가에서 흘러나오는 조용필 노래 〈얘들아〉를 따라 흥얼흥얼한다.

건너편 길가 가로수에 새소리가 요란하다. 새들이 몰려들고 있는지 새소리는 흩어졌다 모였다 반복하며 나를 따라온다. 아이들 떠드는 소리처럼 지배지배……, 소란하다. 감을 먹기가 미안해진다. 세 개째 감을 들었을 때 분명 나는 환청을 들었다.

"저 아줌마 봐. 혼자 감을 저렇게 많이 먹을 수가 있어?"

"아줌마는 원래 많이 먹어야 돼."

"한동안 아저씨들이 산에 들어와서 무서웠는데 이제 아줌마들도 많이 와서 산나물이고 밤이고 다 챙겨가잖아. 우리는 뭘 먹으라고……."

"인간들 이상해. 냉장고에 먹을거리 잔뜩 쌓아두고 왜 산에 와서 우리 것을 가져가는지 몰라. 그런데 식구도 없고 외식을 많이 하니까 먹지도 않아서 꼭 상한 다음 버리잖아."

감 한 봉지를 들고 다 먹을 생각으로 시간을 끌며 천천히 걷는 나에게 새들은 아우성을 치는 듯하다. 나의 친정어머니도 새들이 경계하는 '인간'이 되어 가을이면 산으로 땡감 사냥과 도토리 줍기를 다녔지 않은가. 그런 먹을거리들을 우리는 별식이라 이름 짓고 서슴없이 챙겨 두었다.

지난 가을의 까치 한 마리가 생각난다. 까치 소리가 요란하여 베란다로 나가 보니 1층 감나무에 남겨둔 감의 속살을 까치가 발라먹고 있었다. 요리조리 껑충거리며 나뭇가지를 타고 부리로 찍어대며 춤을 추었다. 얼마나 행복했을까. 까치는 한

동안 감이 떨어질 때까지 찾아와 감 속살을 발라먹곤 했다. 신기하면서 궁금증이 풀리지 않았던 일은 까치가 다 먹을 때까지 감 속이 비어가는데 가지에서 떨어지지 않은 채 여러 날 그대로 달려 있었던 것, 가을이 끝날 때까지 처음에 왔던 그 까치가 그 까치인가였다.

감을 놓고 가기로 한다. 어디다 둘 것인가 사방을 두리번거린다. 사람들 눈에 띄지 않고 아이들 손에 닿지 않는 아파트의 비탈진 울타리 높은 쪽 돌 위에 띄엄띄엄 놓기 시작한다. 나뭇가지가 가려주어 다행이다. 그야말로 감 하나에 새들의 행복이, 감 하나에 그들 가족의 가을이 풍요롭게 익어가기를 기도하는 시간이다. 철든 아이처럼 착해지기로 마음먹은 아침, 감을 비운 손으로 뛰기 시작한다. 산짐승들이 먹이를 따라 농가로 내려오고 멧돼지가 살길을 찾아 올림픽대로까지 오다 죽음을 맞는 시간이 다시 돌아오지 않기를 빌 뿐이다.

털신을 사던 날 소녀의 운명은

이어령의 〈겨울에 잃어버린 것들 2〉를 읽는 순간 나는 내 머리를 망치로 얻어맞은 듯 멍하고 말았다. 꼭 내 말을 하고 있는 것처럼 느꼈기 때문이다. 무슨 일을 해도 돈하고는 거리가 먼 사람처럼 엉뚱한 짓을 벌여온 나로서는 '세상에 나 같은 사람이 또 있나.' 위로를 제대로 받으며 그간 내가 살아온 행로를 돌아보게 된 것이다.

그 길에는 털신을 사들고 그것이 전부인 양 털신에 자기 인생을 건 열두 살 소녀가 걸어가고 있었다. 초등학교를 졸업할 때 당시 학교에서는 적금을 넣었던 백 원짜리 종이돈 몇 장(?)을 학생에게 직접 돌려주었다. 3~4년 정도 부었을 테니 영악한 친구들은 부모님께 드려 다시 정기예금에 넣거나 중학교 입학금으로 보태면서 그 돈을 가치 있게 쓰는 일에 투자했다.

그러나 소녀는 그 돈을 받아서 아무 거리낌없이 자신의 털신을 사고 친구에게 선물을 사주는 일에 써 버렸다. “사치한 옷차림에 집안 살림 무너진다.”는 포스터가 벽보로 붙을 만큼 너나 없이 어렵던 시절이었는데 인지능력에 문제가 있어 보일 만큼 경제 쪽 더듬이가 거의 없는 소녀였다. 물론 이미 오래전, 소녀가 서너 살 때부터 한쪽 더듬이만 발달해 나가고 있는 것을 부모님은 느끼지 못했을 수도 있다.

돈하고는 거리가 먼 소녀의 행각은 이미 시작되고 반경이 넓어지고 있었다. 참고서도 귀한 때 ≪여학생≫ 잡지를 사고 LP판 사 모으는 일, 친구들은 부모님 소원대로 교사 직업을 갖기 위해 교육대학이나 사범대학 합격에 온 신경을 집중한 채 영어, 수학 학원도 간신히 다니는데 미술학원에 등록하고 미술도구 들고 폼이나 잡던 소녀가 학교에서 인정받을 수 있는 것은 별로 없었다. 학교 성적은 신통치 않으면서 잡학 책들을 사들였는데 부모님은 소녀가 무엇을 사든지 학교생활이나 공부에 관련된 것이려니 하면서 견뎌주었던 것 같다. 특히 소녀의 아버지는 러닝셔츠와 삼베 바지 두어 개로 여름 농삿일에 몰두하면서 소녀가 무언가 사야 한다고 돈을 요구하면 아예 묻지 않고 돈을 주었다. 언제든 철이 나려니……. 기다려주었을지도 모른다.

대학생활도 마찬가지여서 소녀는 생활감각 부분에서는 전

혀 나아지지 않았다. 오히려 고독감으로 더 침잠되어 요절한 천재 예술가들 생활이나 염탐하는 시간이 많아졌다.

다른 도시에서 유학 온 친구들은 보내주는 하숙비와 용돈을 쪼개어 적금을 붓거나 장학금을 타기 위해 노력하고, 과에서 성적 좋은 친구들은 학교에 조교로 남으려 애를 쓰고 졸업 후 교사가 되기 위해 공부에 몰입했지만 소녀는 어느 쪽도 아니었다. 공부가 뛰어나지 않았으니 교사는 꿈도 못 꾸고 하숙을 하며 혼자 지내는 시간이 많아지자 학교 도서관에 나가 잡지책이나 읽고 친구들 사진 찍어서 인화해주는 일을 취미생활로 삼았다. 그렇게 그런대로 부모 그늘에서는 부족함을 책잡히지 않으며 '자라지 않는 소녀'로 살 수 있었다.

문제는 결혼을 하자 소녀의 생활력 없는 태도가 확연하게 드러나기 시작했던 것이다. 시집살이를 하면서도 주부라기보다 자라지 않은 소녀처럼 학생 때와 똑같은 행동이 이어졌다. 사업 실패로 살던 집도 처분하고 세를 살고 있는 시집 환경이 어떤지 의식을 하지 못했다. 복학생 남편 뒷바라지보다 시를 쓰고 소설공부를 한다며 문화센터에 등록하고 오로지 읽고 싶은 문학책 사는 일과 책꽂이에 책을 채우는 일에 몰두하니 시부모님은 한눈에 자라지 않는 소녀의 정체성을 간파했다. 시어머니와 시누이들은 의논 끝에 경제권을 맡기지 않았고 소녀는 경계대상 1호가 되었다. 살림은 시부모님이 맡고 가재도구를 사거나 심지어 집을 살 때도 자라지 않는 소녀는 당연하게 의논 대상이 되지 않았다.

집안행사 때마다 사촌에 팔촌까지 동서들은 모여 앉아 주식 투자와 부동산 투자 이야기로 설전을 벌이고 남편에게 자문을 구하고 투자한다며 돈을 맡겨도 소녀는 끼어들지 못했다. 서로는 먼 나라 이웃나라 사람들이었다.

열두 살 소녀가 털신을 사던, 그 과감했던 만행 같은 행적은 아직도 끝나지 않았다. 자라지 않는 소녀는 여전히 딴 세상 사람처럼 살아가고 있다. 퇴직 나이가 되자 친구들이나 친척들은 꿈꾸던 전원생활을 하러 젊은 날 투자해두었던 한적한 산촌이나 제주도 한 귀퉁이로 내려가 버렸다. 그들이 떠난 도시 모퉁이에서 소녀는 아직도 정기적으로 서점에 나가 책을 뒤적이다 수십만 원어치 책을 사들이느라 카드를 긋고 있다.

폐쇄된 기차역 하나 얻어들여 영국의 외곽 안위크역에 자리한 바터북스 서점처럼 세상에서 가장 아름다운 서점 만들기를 꿈꾸고 있는 것이다.

열쇠

초등학교 1학년 아들이 어미를 대문 안에 반강제로 밀어넣는다. 학교를 혼자 가겠다는 것이다. 벌써 여러 날째다. 체격보다 큰 가방을 메고 다니는 모습이 안쓰러워 학교 앞 건널목까지 건네주곤 했었다. 자립심인가, 내심 기특하게 여기면서도 염려스러워 고사리 손을 흔들고 가는 아이가 보이지 않을 때까지 지켜보았다. 몸무게 15킬로그램이 될까 말까 한 아이를 마음아파해 하고 섰는데 아이의 허리춤에서 무언가 달랑거렸다. 의아했지만 불러세울 시간이 되지 않아 그냥 보냈다. 학교가 파할 때만을 기다렸는데 아이는 어쩐 일인지 나를 외면한 채 쏜살같이 제 방으로 들어갔다. 평소에는 딸보다 더 애교를 부리며 엄마를 따르던 아이였다.

궁금증을 누르지 못해 따라 들어가니 황급히 무언가 숨기고 있었다.

아이의 손바닥 안에는 녹슨 열쇠가 고리에 걸려 있었다. 내 서랍에 둔 채 언제 썼던 건지 기억에도 없는 열쇠였다. 이걸 뭣에 쓰려 했냐고 물었다. 아이는 열쇠를 목에 걸고 다니는 친구들이 많아서 자기도 엄마 서랍에서 몰래 열쇠를 하나 꺼냈다며 울상이 되었다. 곁에 있던 제 누나는 동생을 두둔하고 나섰다.

"요새는 열쇠 목걸이를 많이 걸고 다녀요. 액세서리로 팔거든요. 사실은 우리 둘이 엄마 서랍에 열쇠가 많기에 살짝 꺼내서 하나씩 나눴어요. 다른 친구들처럼 장식하고 싶었어요. 멋있어 보이잖아요."

그날 나는 내내 웃고 다녔다. 어이없기도 하고 우습기도 했다. 목에 건 열쇠가 무엇으로 보였기에 녹슨 열쇠를 허리에 꿰차고 으스댔을까. 열쇠를 목에 건 친구들이 돋보였을 게 분명하다. 내가 생각하는 열쇠를 목에 걸고 다니는 아이와 요즘 아이들이 열쇠를 목에 건 친구를 보는 시각이 달랐다. 1980년대만 해도 맞벌이부부 자녀들은 열쇠를 걸고 다녔다.

열쇠는 기능만 보면 잠그거나 풀어주는 단순 동작일 뿐이다. 하지만 이 간단한 행위 뒤에는 사람과 사람을 고립시키는 의미도 숨어있고 불신하는 마음과 방어적인 것도 숨어있다.

열쇠는 소유의 한계와 선을 분명히 해주어 편하지만 마치 담 위에 버티고 있는 가시 철망이나 박힌 유리조각을 보는 듯

해 서글퍼진다. 3중 4중으로 잠금장치를 한 집을 보면 더욱 그렇다. 열쇠의 종류와 잠금장치의 기발한 방법이 늘면 늘수록 사람 마음에도 겹겹으로 벽이 쌓여가고 있다.

수렵시대나 농경사회에 열쇠라는 말이 존재했을까. 조선시대를 보아도 열쇠는 기껏해야 한 집안의 안주인이 맡고 있는 광 열쇠나 쌀뒤주 열쇠였다. 열쇠 꾸러미는 가정 경제의 출납을 의미했다. 열쇠를 맡는다는 것은 큰 뜻을 담고 있었다. 층층시하 고된 시집살이를 하던 며느리가 시어머니에게 열쇠 꾸러미를 받으면서 비로소 안주인의 자격을 굳히기도 했다. 열쇠는 인내에 대한 열매였다. 이것저것 쓸어보며 맺혔던 시집살이의 서러움과 고초를 잊어버렸다.

대형마트가 그 지역 곳간 역할을 해주는 이제 안방에 큰 금고를 두지 않은 이상 열쇠를 물려줄 시어머니도, 인내하며 다소곳이 물려받을 며느리도 없다. 나 역시도 시어머니에게 열쇠를 받아보지 못한 어중간한 며느리였다. 우리는 모두 벌집처럼 생긴 곳에서 핵가족의 둥우리를 틀고 있다. 열쇠 하나로 너와 나를 나누고 잠근 채 살아간다. 열쇠 종류도 번호키, 홍채인식, 지문인식 등 점점 다양하고 첨단적으로 변하고 있다.

십자군 전쟁 때는 정조대 열쇠도 있었지만 우리나라에도 맹랑하다 싶은 열쇠 이야기가 있었다. 화장실 열쇠와 3Key가 그것이다. 시내 제법 높은 건물 화장실을 갔다가 꼭 잠긴 경우를 보면 얼마나 당황스럽던지. 사나운 인심이라고 해야 옳을까.

혼수예단에 3Key(자동차, 아파트, 사무실)가 포함되는 사례도 있었다.

언제부터 우리가 열쇠 숫자로 자신을 과시하며 살아왔는지 궁금하다. 사회가 발달할수록 열쇠는 늘어날 게 분명하다.

우리들이 살아가는 사회는 잠그는 일도 필요하지만 풀어야 할 일이 더 많다.

문득 나를 돌아본다. 서랍 가득 왜 쓰지 않는 열쇠는 모아두고 또 다른 열쇠를 넘보는지….

그 아이의 낡은 신발에 꽃을 심는 까닭

현관 앞 계단 한쪽에는 아주 낡은 신발 한 켤레가 놓여 있다. 그 신발은 비가 와도 눈이 와도 계절이 바뀌어도 항상 그 자리를 지킬 뿐이다. 모르는 사람은 화분도 아닌, 다 떨어진 신발을 모시고 있냐며 내버리라 하지만 어찌된 일인지 나는 버리지 못하고 있다.

오히려 봄만 되면 무슨 꽃이든 그 신발에 심어두고 날마다 물을 주곤 한다. 신발은 때로 봉숭아 화분이 되었다가 키다리 만드라미 꽃대를 올리기도 하고 팬지를 앉히기도 한다. 군화 모양의 신발은 먼 곳으로 도보 여행 떠나는 사람의 보퉁이 마냥 낡고 코끝은 뭉실하다. 메주콩 빛깔처럼 노랗던 색은 이제 회색으로 바래고 거죽은 트고 갈라졌다. 앞부리는 둥글게 말아 올라간 채로 발목까지 끈으로 묶여져 있어 신발 하나도 꽤

나 골라 신었음 직한 그 아이의 멋부린 마음을 엿보게 한다.

처음 낡은 신발이 우리 집 마당에 버려졌을 때였다. 무심코 낡은 신발을 집어든 순간 나는 가슴이 탁 메어와 그 자리에 그냥 두고 말았다. 말이 신발이지 밑창은 떨어져 입을 벌리고 있고 그 안을 헤집어보니 깔개는 없고 신문지를 두툼하게 깔아 테잎으로 붙인, 겉모양만 신발이었다. 아들의 헌 신발을 얻어 신고 자신의 신은 미련없이 버리고 간 그 녀석의 허연 얼굴이 떠올랐다.

그리고 그 아이가 아들과 주고받던 말이 생각났다.

"엄마한테서 전화가 왔는데 곧 결혼하니까 쓸데없이 자꾸 연락하지 말라고 아빠한테 전해달래……."

태연하게 말하는 아이의 말을 언뜻 들었지만 그 뒤로 나는 내가 무슨 일을 겪는 것처럼 가슴이 울렁거리고 조마조마했다. 사랑은 수시로 움직인다 해도 가족까지 움직이는 세상은 두렵기만 한 일이었다. 이유야 어쨌든 가족해체는 사람의 뿌리를 뽑아놓는 일이어서 마음을 다치게 하고 멍든 과일처럼 일생을 멍들게 하는 슬픈 일이지 않은가. 물론 지나치게 뜨거운 부모 애정은 오히려 해가 되어 자식을 말라버리게 한다지만 고독을 이길 수 있는 힘을 갖게 될 때까지 부모는 처음의 자리에 바위처럼 있어야 하지 않을까.

부모가 헤어진 일과 다시 재혼하는 일을 그렇게 아무렇지도 않게 말할 수 있게 되기까지 아이는 숱한 시간 동안 혼자 가슴앓이하고 허전해 했을 게 뻔하다. 아이가 자라는 동안 엄마가 챙겨주어야 할 게 얼마나 많은가. 아빠한테는 비밀로 해두지만 값비싼 유명 브랜드 신발이나 옷가지가 가끔은 필요하고 해결해야 할 많은 부분을 엄마에게 투정도 부리고 때로는 속삭여야 하지 않을까. 아이는 기댈 곳이 없어 삭이지 못한 많은 감정을 혼자 뭉뚱그려 가진 채 방황하느라 한 달 넘게 학교를 가지 않기도 했다. 그 엄마는 가끔 자기 아이의 소식을 묻느라 내 아이에게 전화를 했고 그 아빠도 우리 집으로 전화를 걸어 아이의 학교 생활을 묻곤 했다.

밑창이 없는 낡은 신발은 그 아이의 마음이고 맞닥뜨린 현실이었건만 그들, 남이 된 아이의 부모는 각각의 감정에만 몰입해 있었다.

그 뒤로도 그 아이는 우리 집에 들러 남방이나 티셔츠 등을 빌려가곤 했다. '그대로 졸업은 해야 할 텐데…….' 그런 아슬아슬한 마음으로 바라보았던 시간들이 지나고 눈발이라도 흩날릴 것처럼 음산한 바람이 부는 졸업식장에서 나는 그 아이의 엄마를 보았다.

하얀 살결에 미처 사십대도 되어 보이지 않게 앳된 얼굴의 아이 엄마는 빨간 코트를 입고 무표정하게 있었다. 나는 아는 척을 하지 못했다. 아주 행복한 표정을 짓고 있는 그 아이도 자기 엄마를 소개시켜 주지 않았다. 나는 머뭇거리며 무슨 말인가 하려다 모르는 척 돌아서고 말았다. 너무 해맑은 그녀의 얼굴을 마주하고 신발 이야기도 그렇고 그동안 혼자 속앓이 했던 내 감정만 머쓱해지고 말았다. 나름대로 감정정리를 잘 하여 견뎌내고 있는 그들을 두고 오히려 내가 지나치게 감상적이었다는 생각이 스치고 있었다.

하지만 나는 아직도 해가 바뀔 때마다 아이의 신발에 꽃을 심는다. 물을 주고 거름을 주면서 나는 그 아이를 잊지 못한다. 무심하게 넘기는 말투처럼 부모에 대한 애착도 사라졌을지 모르지만 그들이 다시 합쳐지기를 원하는 나의 마음을 아직도 감상주의라고 해야 할까.

나는 오늘도 낡은 신발에 물을 주며 멋진 재혼으로 결혼생활을 보상받고 싶어 하는 빨간 코트의 어머니를 생각한다.

꿈속의 고모

그녀는 남동생들이 차례로 결혼하자 태어나지도 않은 조카들을 상상하며 고모가 되는 꿈을 꾸었다. 그녀 생각에 조카가 태어나기까지는 시간이 너무 걸렸다. 어서 빨리 조카들이 태어나기를 기다리며 연신 올케에게 아이 소식을 묻는 조바심을 드러냈다.

첫 번째 동생에게는 빨리 아기를 가지라는 뜻으로 아이 이름을 먼저 지어놓기도 했다. 조카가 아장아장 걸음마를 떼면서부터 제일 먼저 배워야 할 단어가 '고모'라고 상상을 했다. '고모'라고 불릴 때 그 행복감은 대단할 것 같았다.

고모라니…. 고모가 없던 그녀에게 '고모'라는 존재는 환상 속에서 늘 부풀려졌다. 어머니에게 느끼지 못하는 여유와 포근함, 때로는 과분하다 싶은 선물, 때로 복권 탄 기분을 안겨주는 용돈을 줄 것 같은 사람은 고모라고 생각했다. 그녀는 고모가 된다면, 자신이 받지 못한 사랑까지 흠뻑 주겠다고 맹세했다. 미래의 아이들에게 부분적으로는 어머니 역할도 해야 하지만 고모는 자녀들에게 엄격한 엄마와는 달라 응석도 받아주고 보기만 해도 위로가 되는 대상이 돼야 하고 늘 가까이하지 못하는 만큼 더 따뜻해야 할 것이라고 다짐했다.

기다리던 조카들이 차례로 태어나자 고모는 바빠졌다. 이름 짓는 일부터 옷을 사는 일, 장난감을 고르는 일이 고모 몫이었다. 거리를 지나치다가 예쁜 옷을 보거나 신발을 봐도 조카들을 위해 사두곤 했기 때문이다.

고모는 날마다 꿈을 꾸었다. 아이들이 빨리 자라서 '고모'라고 부르는 날, 아이들과 손잡고 나들이 가는 날, 아이들이 고모 집에 놀러 와서 고모가 차려주는 식사와 요리도 맛보고 침대에서 자도록 해야 했다. 어느 날부터 아이들이 말을 하기 시작하자 고모는 책을 사들였다. 아이들이 하는 말은 모두 시였다. 고모는 조카들을 보러 자주 집을 드나들었다.

어느새 한두 살 터울로 여섯 명의 조카가 생긴 후 그녀는 큰 선물상자를 만들어두었다. 그리고 틈나는 대로 그 상자 속에 선물을 사 모았다가 보내곤 했기 때문에 '산타 고모'라는 별명을 얻은 고모는 집에 가면 아이들에 둘러싸여 지냈다. 여섯 명의 나이를 기억해야 했기에 수첩이나 달력에 학년을 적어두곤 했다. 언젠가 나이보다 작은 치수의 옷을 사서 보내는 실수를 했기 때문이다. 불행 중 다행으로 하나씩 내려 입고 제일 큰 조카만 받지 못한 것으로 얼버무려졌지만 마음속에서 자라는 조카들보다 빠르게 자라는 현실 때문에 고모는 언제나 정신을 바짝 차려야 했다.

아이들이 차례로 학교에 다니게 되자 어느덧 고모와 조카아이들은 초등학교 동창생이 되었다. 고모는 그 학교 1회 졸업생이었다. 40여 년이 넘은 집은 고모가 네 살 무렵 이사 와서 그대로 살았기 때문이다.

할아버지 제삿날이던 어느 가을날은 초등학교에 모두 찾아가 고모가 졸업식날 사진을 찍었던 운동장 한 구석에서 기념사진을 찍기도 했다. 아이들은 고모를 만나면 똑같은 물음을 묻곤 했다

"고모가 우리 아빠의 누나 맞아요?"

"고모가 정말 이 집에서 살면서 우리 학교에 다녔어요?"

행복감과 신기함에 어쩔 줄 몰라 하며 조카들은 고모를 에워싼 채 떠나지를 않는다. 고모는 또 다른 꿈을 꾼다, 아이들이 자라면 어떻게 멋지게 성인식을 치러줄까. 결혼 상대도 알아봐야겠지.

"고모 방학했어요, 서울 갈 거예요."

고모는 전화 소리에 꿈에서 깨었다. 그리고 바빠졌다. 여섯 명의 조카들 숫자에 맞춰 밥공기, 수저, 컵도 준비해두고 이부자리도 마련해야 했다. 게다가 지난 가을 만났을 때 사주었던

마법 동화 ≪해리포터≫ 10권을 모두 읽었다며 〈해리포터〉 영화까지 보겠다고 한다. 아이들이 볼 영화표도 예매해야 하고 놀이공원 할인 티켓도 알아 준비하고 햄버거나 피자는 어느 식당이 깔끔하고 맛있게 할까 알아두어야 했다.

— 찰스 램(Charles lamb)의 〈꿈속의 아이들〉을 읽고 —

찰스 램은 정신질환을 앓는 누님 메리를 돌보며 평생 독신으로 살았고 45세에 11세의 '엘마 아이소라'를 수양딸로 양육했다.

양파 까는 날

양파 껍질 벗기기는 어느 누구도 울지 않을 수 없게 만든다. 우아하게 화장한 날은 양파를 건드리지 말 일이다. 최루탄 못지않은 양파의 술폭시드 성분이 분무기처럼 얼굴에 뿌려지면 눈물은 트로트 가락처럼 구슬프게 흘러내리고 만다. 굳이 울지 않으려 애를 쓸 필요도 없다. 그저 물세수한 얼굴로 침착하게, 벗겨지는 껍질만큼 울어주면 될 일이다. 언제나 웃음 띤 얼굴인 채 밝아야 할 뿐 마음 놓고 울 만한 곳도 찾을 수 없는 세상, 양파 까는 날처럼 핑계 김에 울기 좋은 날이 어디 있을까.

양파 한 박스를 받았다. 장아찌 만들기 좋은 크기다. 양파가 풍년이라 길가에 잔뜩 쌓아두었다고 하니 그 또한 가슴이 멍해져 양파 한 상자를 보고 벌써 울컥하여 눈물을 찔끔거린다.

농사짓는 이의 노고와 애잔한 마음이 보여 안타까운 것이다.

네팔 지진을 집중 보도하고 있는 TV 앞에 양파를 쏟아놓는다. 큰 마음먹고 딴청부리듯 해찰하며 양파를 깐다. 몇 개를 깔 때만 해도 견딜 만했는데 자제했던 나의 눈물샘이 터졌는지 슬슬 눈이 따갑고 눈물이 질금거리기 시작한다.

문화유산도 무너진 네팔, 주저앉은 집 사이로 구조하는 장면이 너무나 더디다. 집들은 온데간데 없고 취약한 장비와 애타는 가족들의 모습만 클로즈업된다. 너댓 살 남자아이가 동생으로 보이는 두 살 정도의 여자아이를 감싼 채 길거리에 주저앉아 있는 장면에 가슴이 무너진다. 그들 앞길이 막막해 보여 양파를 핑계로 눈물을 쏟는다. 가방 하나를 8년 넘게 대물림하느라 사방이 뜯어졌는데 해맑게 학교를 가던 네팔 고아원 아이들이 떠오른다. 어미가 되고 나니 세상은 울 일이 더 많아져 버렸다.

우는 일 앞에서 나는 늘 자존심을 세우느라 비겁했었다. 커피타임이 없던 시절, 동네 아줌마들은 우리 집에 모여 멀쩡하게 김치 담그다가도 막걸리 타임을 만들어 〈여자의 일생〉을 부르고 여자를 구속하는 사회에 저항하듯 집합체가 되어 눈물을 쏟았다. 그 중심의 어머니가 부끄러웠던 사춘기의 나는 '청승맞다.'고 쏘아붙이며 차갑게 굴곤 했다.

양파 껍질이 쌓여갈수록 울음거리는 점점 늘어난다. 여간해서는 냉소적일 뿐 빨려들어가지 않던 막장드라마의 뻔하고 험

난한 주인공 삶에 나는 분개하여 눈물 흘리고 욕을 뱉으며 제대로 유치해진다.

끝내 나도, 막장드라마처럼 치밀하게 접근하여 보란 듯이 남편과 살림을 차려 내게 치명타를 날렸던 그 여자를 등장시킨다. '그래, 남의 눈에서 피눈물 흘리게 했으니 문밖에 나설 때마다 저승길이 열릴 것이다.'

막걸리를 같이 마셔주는 동네 아줌마들도 없고 양파도 깔 줄 몰랐던 나는 자존심을 세우고 있다가 비 오는 날이면 우산을 들고 길거리를 돌아다니며 우산 속에서 중얼거렸다.

양파 껍질 벗기는 속도가 빨라지고 거칠어진다. 둥근 알몸을 드러내는 양파가 쌓일수록 내 가슴속에서 평생 사라지지 않는 뱀파이어 그 여자와 다시 얼굴을 맞대고 서로의 약점을 찾아 할퀴고 물어뜯는 일을 멈추지 않는다.

'하다못해 말도 부끄러우면 땀을 흘린다는데 뻔뻔한 줄 알아요.'

본전도 찾을 수 없는 빤한 말에 다이아반지와 목걸이를 하고 나온 그 여자는 한껏 교양을 뽐내며 응수했다.

'이봐요. 나는 말이 아니니까 댁 남편에게 물어봐요.'

뜨겁게 지지고 볶아 단맛 뽑아내는 재주가 약했던 내 인생은 양파처럼 끊임없이 같은 모습으로 벗겨지기 할 뿐 달라지지 않았다. 표피마다 매운맛을 둥글게 말고 있다가 가끔씩 눈물을 흘리게 만들고 사라지는 것이다.

시간이 갈수록 양파 껍질 벗기기는 경지에 올랐는데 양파는 영문도 모른 채 살점이 뜯겨나가고 내 눈물은 점입가경으로 얼굴을 뒤덮는다. 양파에 무너지면 체면이고 교양이고 없다.

수돗물에 얼굴을 씻고 다시 정좌를 한다. 사람들을 울게 하는 양파 앞에 백기를 들고 울음 울 준비를 다시 하는 것이다.

나의 상처는 양파를 닮아 그 껍질을 벗길 때마다 최루성 눈물을 흘려야 한다. 형체도 가뭇하던 것들이 흘리는 눈물과 함께 양파 껍질이 되고 만다.

시간이 흐르면서 양파 껍질 까기는 내 일상에서 제례의식이 되었다. 양파 껍질로 환생한 내 아픔은 얄팍하고 고단하게 나뒹굴다 그토록 우습게만 보았던 세상 어미들의 눈물이었음을 확인하게 된다.

양파 껍질이 수북하게 쌓일수록 나는 정제되어 다시 태어나는 것이다.

벚꽃과 사월

여의섬 둑에 핀 벚꽃은 국회의사당과 함께 여의도 명물이 되었다. 벚꽃의 화사한 색깔에 취한 채 꽃은 많을수록 좋다는 생각을 한다. “꽃이 향기로워야 벌 나비도 쉬어간다.”는 말처럼 꽃이 피어나는 기운에 사람들이 찾아들고 꽃나무 아래서 고통과 외로움, 소외감까지 다 잊고 즐거워한다. 꽃향기는 행복한 마음을 전염시키는 효과가 큰지 사람들은 꽃을 찾는 것만으로도 축제의 주인공이 된 것처럼 감동한다. 꽃을 본 나비는 그냥 가지 않는다. 꽃은 사람들을 나비로 아는지 사람들의 마음을 벚꽃나무 아래 붙들어놓는다. 꽃은 바람 따라 향기를 흘리고 향기를 쫓아 사람들은 꽃길로 나서며 설레는 마음으로 두리번거려 여의도의 4월은 밤낮으로 깨어있다.

모래섬 여의도는 벚꽃이 날려 꽃잎 모자이크 도시다. 꽃도 꽃이지만 꽃구경을 하기 위해 찾아온 사람들은 꽃잎이 되어 나풀거린다. 사람들은 꽃을 보러 왔는데 오히려 꽃을 따라 움직이는 사람을 구경한다. 꽃 또한 사람을 본다. 바람이 불면 벚꽃은 날려 꽃비가 내리고 사람들 머리에도 벚꽃이 내려앉는다. 나비처럼 나풀대는 꽃이기에 나비라도 본 듯 사람들은 즐거워한다.

국회의사당 뒷길은 벚꽃길이 장관이다. 한강변을 끼고 한 시간을 걸어도 30-40년 된 왕벚나무 1천4백 그루가 줄지어 있어 꽃에서 장엄함마저 느낀다. 짧은 사이 떨어진 꽃잎들이 꽃길을 만든다. 그대로 두면 꽃잎 무덤이 곳곳에 생겨나 그마저도 장관을 이룰 것 같다. 사람들은 여기저기서 사진을 찍고 탄성을 자아내며 웃음을 짓는다. 꽃 앞에서는 마음이 이렇게 밝아지고 무아지경에 빠지는 것일까.

문득 활짝 피어있는 꽃 앞에서 버지니아 공대 교정에도 많은 꽃이 피어있을까 생각한다. 다른 해보다 유독 잔인했던 4월의 슬픈 사건 때문이다. 버지니아 공대 총기 난사 사건으로 32명이 목숨을 잃었다는 소식과 범인으로 확인된 조승희라는 학생이 이민 1.5세대라는 데 더 충격을 받고 말았다. 뉴스를 듣는 순간 눈앞에서 엄청난 꽃봉오리들이 꺾어지고 흩날리는 착각이 일어났다. 그도 미처 피지 못한 꽃봉오리지만 총기난사로 수십 명의 꽃봉오리들이 스러져 갔지 않은가. 완성하지 못한 삶이기에 더욱 순진무구한 꽃들일 수밖에 없다. 32번의 종소리와 함께 버지니아 공대 교정 한쪽에는 추모 헌화로 꽃무덤이 생겨났다. 조승희의 추모석도 희생자석에 만들어졌다. 누군가는 장미, 카네이션, 백합, 안개꽃 등을 조승희의 추모석에 놓았다.

어떤 이는 '총기 보유 금지했으면 조승희 참극 없었을까?' 이런 질문을 던졌지만 꽃 앞에서 나는 다른 질문을 스스로에게 던진다. '버지니아 캠퍼스 안에 혹시 걸어도 걸어도 꽃길인 그런 곳이 있었다면 조승희 참극이 일어났을까?'

≪데미안≫의 작가 헤르만 헤세는 그의 에세이집에서, 잃어버린 오래된 주머니칼 하나 때문에 엄청난 우울감과 함께 통증을 겪기도 했다고 밝혔다. 하물며 조승희가 일찍부터 당한 따돌림과 공허감은 무엇으로도 메꿔지지 않았을 것 같다. 그의 청춘엔 정원이 없어 정성을 쏟아 가꾸고 사랑을 주고받는 관계의 싹조차 자라지 못했다. 어둠 속에 방치된 소외감과 분노가 그의 영혼을 갉아먹은 것이다.

인간은 조금씩 악마적인 기질을 품고 있다. 다만 이성과 규범 아래 억제하며 살아간다. 또한 이성으로도 되지 않는 그런 부분은 이렇게 꽃길을 걷고 꽃을 바라보며 꽃의 정서로 마모시켜버리는 것이다. 꽃에서 얻은 미감으로도 해소되지 않는 마성魔性은 과연 어떻게 할 것인가 .

꽃이 어느 날 문득 피고 싶다고 피어나는 마술이던가. 꽃은, 모든 관계에서 벗어나 침묵하면서 외로움을 감추고 허물까지 내 안으로 삼켜 빚어낸 감동이다.

꽃샘, 잎샘 바람이 남아있는 여의방죽 벚꽃 길을 천천히 걷는다. 많은 사람들의 웃음소리에 수백 발의 총소리와 흩날리는 꽃잎이 뒤섞인다.

햇빛 아래 사열하는 여의 방죽 벚꽃 길에서 조승희의 넋을 위로하는 시민 걷기를 하면 구원이 이루어지고 모두에게 위로가 될까 생각한다.

숟가락 하나 더 놓았던 풍경

식탁에 있는 수저꽂이가 정물화 같다는 생각을 한다. 생기를 잃은 네 벌의 수저가 있을 뿐이다. 몇 년간 변화가 없는데 앞으로도 그럴 것 같다. 어쩌다 손님이라도 오면 그제서야 잘 넣어둔 수저집을 뒤적이며 허둥댄다.

대가족을 이루고 살았을 때는 수저 꽂을 자리가 없어 아이들 것은 따로 두기도 했다. 식탁을 차릴 때 어른들 순서에 맞춰 수저 놓는 일도 큰 일이었다. 수저는 집안에서의 위치가 어느 정도인지에 따라 모두 달랐다. 아버지와 장자의 수저는 제일 비싼 것이고 늘 짝이 잘 맞추어져 있다. 하지만 서열이 내려갈수록 닳은 술과 짝이 맞지 않는 젓가락을 써야 했다. 한 집안에서 자신의 수저가 잘 챙겨져 있다는 사실은 큰 의미를 갖고 있다.

열두 벌쯤의 은수저 세트를 사들이면서 나름대로 소홀히 하지 않으려고 애를 썼다. 어른들만 신경쓰다가 막내를 미처 챙겨주지 못했을 때 자기 숟가락이 없다고 울면서 떼를 쓰기에 집안 형들이 쓰던 숟가락을 내밀어 무마하려 했다. "이거 말고 멋진 거가 내 거야."하는 아이의 모습에서 젖먹이가 언제 저렇게 컸나 느끼기도 했다.

부모님이 차례로 돌아가신 후에도 한동안은 수저를 그대로 두었다. 식사 역시 네 식구에 맞도록 조절하지 못해 오랫동안 시행착오를 겪었다. 누군가 찾아오면 얼른 수저를 놓아주며 식사를 청해야 한다는 강박관념을 버리지 못했다. 국 같은 경우 네 식구가 먹을 것을 20인 분량쯤 끓이는 일을 반복했으니 엄청난 낭비지 않은가. 어른이 계시지 않고 동서가 분가했는데도 식사 때마다 커다란 밥솥에 밥을 잔뜩 하기 일쑤였고 음식마다 다 먹지를 못해 버리기를 무려 10년 정도 반복하였다.

아이들이 어렸을 때는 집안이 북적거렸다. 시부모에 조카에 시동생 부부까지 같이 살 때는 한 끼 식사 준비를 12인 분 이상으로 해야 했다. 어른들은 항상 '밥을 한두 그릇 정도 남게 하라'고 말씀하셨다. 손님이라도 왔을 때 수저 하나만 더 놓으면 되니까 같이 식사하자고 권유하는 게 도리이기 때문이라고 하였다. 그런 풍습 때문에 남기는 음식 없도록 분량을 정해서 먹고 치우는 알뜰한 집안은 덕이 없다고 평했다. 한동안은 수시로 찾아오는 일가친척들을 위해 언제나 식구 수에 비해 1-2

인분의 밥을 더 준비했다. 그런 이유로 주방에는 항상 커다란 솥이나 들통, 아기 목욕통 크기만 한 그릇까지 있었다. 아이들이 한창 자랄 때는 친구들을 데리고 오니까 여분의 식사를 차려두곤 했다. 딸보다 아들 친구들이 잘 들락거리면서 밥을 먹고 갔다. 밥을 잘 먹는 아들 친구들을 보면 부럽기도 하여 친구들 좀 데리고 오라고 해서 게걸스럽게 먹는 분위기를 유도하면서 대리만족을 하기도 했다.

어느 날부터 우리 집에 사람들이 찾아올 일이 없다는 것을 알아차렸다. 그때부터 기다리는 마음을 접고 그릇 정리를 하기 시작했다. 식기를 줄이고 수저세트도 네 식구에 맞게 줄였다. 특히 숟가락을 들여놓을 때는 쓸쓸하기도 했다.

이제는 주방에 있는 밥솥과 국냄비 등 모든 그릇의 크기가 사 분의 일 정도로 줄어들었다. 곰국 끓이는 커다란 들통이나 큰 플라스틱 그릇은 창고에 넣어둔 지 오래된다.

"어서 와. 숟가락 하나 더 놓으면 되지…." 손님이 찾아오면 이렇게 반기면서 수저를 놓아주고 흔쾌히 식사를 했던 풍경이 그리워진다. 이제 그 누구도 초청받지 않은 집에 불쑥 찾아가지 않는다. 초대 받은 손님이라 해도 집에서 식사하기보다 외식을 한 후 집에서는 차를 마시는 정도가 되었다. 안주인의 수고도 덜어주고 서로 번거롭게 하지 말자는 의미에서 배려한 것이 풍습처럼 자리를 잡았다.

주부 십 년차 가정에 들른 적이 있는데 네 벌의 수저 외에 여분이 없어 쩔쩔매는 광경에 묘한 기분을 느끼기도 했다.

오랜 시간 방치하여 변색된 은수저들을 펼쳐놓고 어떻게 할까 고민에 빠진다.

숟가락이 많이 필요한 살림집으로 시집보낼까.

굿을 하는 마음

삼십 대 초반 나는 참담한 마음으로 서울 북쪽 어느 산에 올랐다. 그곳에서 하루 종일 무당의 굿판속에서 사투를 벌여야 했다. 아무도 모르게 친구 하나만 동반하여 굿을 하러 아침 일찍 산으로 올랐던 마음은 절박하였다. 가만히 앉아 있어도 심장이 두근거리고 손발이 후들거릴 만큼 지쳐버려 지푸라기라도 잡아야 살 수 있었다. 나를 위해 염려해주는 사람이 있다는 사실에 가슴이 뿌듯해져 이토록 깊은 산속에서 맑은 정기를 모아 기도하는 일은 참 아름다운 일이라고 판단했다. 나도 세상일 다 잊고 산속에서 기도하며 살아볼까 하는 감상에 젖기도 했다. 무당은 나에게도 한복을 주었다. 무당이 시키는 대로 두 손 모아 절하고 엎드리고 그들의 주문을 따라 손바닥을 비비며 연신 절을 하는 굿은 한 번에 끝나지 않고 하루 종일 이어졌다.

꽤 많은 돈을 지불했는데도 굿을 하는 동안 돈은 계속 내도록 되어 있었다. 시간이 흐르고 굿이 이어지며 나는 서서히 깨달아가고 있었다. 내 삶의 치부를 드러내놓는 만큼 그들은 돈을 요구했고 집안 조상들이 자꾸 찾아오는데 무슨 잘못이 이리 많은 거냐고 닦달했다.

처음 종로 어딘가 점을 잘 본다고 소개한 선배를 따라갔던 일부터가 잘못이었다. '인생 상담가'는 나를 보더니 남편과 곧 이혼할 것이라는 말을 단칼에 자르듯 내 앞에 던졌다. 실수라면 나를 데리고 간 인생 선배에게 집안 문제를 상의한 일이다. 상담가는 내 마음속을 읽었다는 듯 내게 절대 일어나지 말았으면 하는 일을 서슴없이 예고하며 자기가 잘해줄 테니 자기만 믿고 따르면 아무 일도 없을 거라고 했다. 내 인생 처음 맞닥뜨린 고난 앞에 나는 속수무책이었다. 관계 맺기의 미숙함에서 겪는 상처로 지쳐있던 나는 마음이 약해져 굿을 하면 모든 일이 잘 풀린다는 그녀의 말에 거금을 내고 기가 세다는 북쪽 그 산에서의 굿 준비를 부탁했다. 그녀는 내게 붙어있는 악귀와 조상귀신 중에 해를 주는 귀신을 풀어주고 승천시켜야 집안이 잘된다는 상투적인 말부터 꺼내며 자신을 치켜세웠다. 자신의 단골은 모두 국회의원인데 한번 하면 보통 천만 원 단위인데 나는 아는 사람 소개이니까 깎아준다고 하니 참 고마운 일이었다.

한 남자를 통해 내 인생의 잘잘못을 따지고 결정하는 일이 얼마나 위험한 일인가. 길은 얼마든지 많고 그야말로 마음먹기에 달린 게 인생인데 나는 아무런 대책도 없는 사람처럼 허우적거렸다. 누가 봐도 허약해질 대로 허약해져 누군가 손가락 하나를 휘어 걸기만 해도 끌려갈 태세였다.

굿을 하러 떠나기 전날 이미 굿을 해보았다는 친구가 조언을 했다. 잔돈을 많이 가져갈 것. 보석은 빼놓고 갈 것. 달라는 대로 내놓지 말 것 등이었다.

이미 지불할 것 다했는데 설마 그럴까? 하면서 산으로 올라갔다. 그곳에는 각자 전공이 다른 무당이 찾아와 굿을 해주면서 계속 추가비용을 요구하였다. 영화에서나 보는 작두밟기도 하고 굿이 끝나갈 무렵에는 동자승이 와 다시 돈을 주어야 했다.

굿이 끝나자 귓가에서 무슨 소리가 윙윙거리더니 어지러웠다. 일어나지를 못하고 있는데 귀신이 찾아온 것이라고 하며 주문을 더 외웠다. 산을 내려가기 전 내가 먼저 무슨 일을 겪을 것처럼 심신이 지쳐버렸다. 굿판은 한 번으로 족하지, 두 번 다시 할 게 못 된다는 생각이 들었다.

그 후 인생 공부 톡톡히 했다는 셈 치며 접촉을 하지 않고 지냈는데 상담가는 계속 연락을 해 왔다. '아들이 좋지 않은 괘가 나왔다. 몸도 약하니 죽을 수다' 등 내게 닥칠 악재는 끝이 없었다. 시간이 없다고 하자 집으로 와서 해주겠다고 집요하게 나왔다. 끝까지 거절하자 나중에는 소개해 준 선배를 시켜서 '돈이 분명 있는 사람이 없다고 거짓말을 한다.'는 등 거의 협박을 했다. 한번 인연을 맺었으면 계속 좋게 해야 상담가의 저주를 받지 않는다는 선배의 말은 더 저주에 가까웠다.

마음속에 있는 고통을 덜어 보려고 벌인 일이 긁어 부스럼을 만든 꼴이었다. 생각할수록 섬찟하고 왠지 말려들고 있다는 생각에 얼마간의 돈을 소개해준 사람을 통해 보내주고 피했다.

사람은 마음이 약해지면 자꾸 누군가에게 기대려 한다. 그러나 기대면 기댈수록 자신은 더 약해지고 타인들은 그것을 약점으로 잡는다. 자기가 할 수 없는 일에 대한 해결과 도움은 달콤하지만 어느 순간 털고 일어나야 한다. 그렇지 않으면 홀로 서기가 힘들어진다.

그냥 견디면서, 내면에 굳은살을 만들어야 한다. 굿은 나 홀로 내 자신을 향해 물어뜯고 할퀴어 난 상처를 보면서 실컷 아파하고 눈물을 흘려야 진짜 굿이라고 생각한다. 내 삼십대는 굿판 그 자체였다.

4부

서 있는 여자

명동 골목에는 그 여자가 아침 일찍부터 서 있곤 했다. 나무 한 그루 볼 수 없는 대형 상가 외벽을 지주 삼아 꼿꼿한 자태다. 어디서 어떻게 잠들었다 나오는지 알 수 없지만 상가가 문을 열기 전 이른 아침이면 장승처럼 그 자리에 서 있다. 여름에도 그 차림으로 서 있고 추운 겨울날도 여전한 차림으로 그렇게 서 있다. 옷은 겹겹이 껴입어 엠보싱 비닐 몇 겹을 말아서 세워둔 둥치처럼 둔하고 아슬아슬해 보였다. 누군가 실수로 밀면 넘어져 혼자 힘으로는 일어나지 못할 것 같고 표정은 굳어있어 단호하기까지 하다. 돈이라도 줄까. 먹을 것을 사다줘야 하나, 말을 붙여볼 것인지……. 화장실은 다니는지. 밥은 먹는 것인지.

나 혼자 '둥치'라 별명 붙인 그녀를 흘낏거리다가 망설이다가 그냥 지나치기를 몇 년 동안이나 했다. 하지만 마음속으로 둥치 그녀가 보이지 않으면 불안했다. 추운 날, 거리에서 동사한 것은 아닌지, 시설에 입원했는지 걱정을 하는데 며칠 후면 둥치는 여전히 그 자리에 꿋꿋하게 서 있다. 나는 안심을 하며 다시 둥치를 흘낏거리고 둥치가 소중하게 세워둔 제법 큰 짐 뭉치를 훔쳐보곤 했다.

어느 날부터 둥치 그녀는 보이지 않았다. 어떻게 되었을까 걱정하다가 차라리 요양원에 들어갔기를 바라며 잊어갈 즈음 다른 노숙 여성이 나타났다. 둥치 그녀가 서 있던 맞은편 전화부스 옆에 둥치보다 젊어보이는 여자가 서 있기 시작한 것이다. 공중전화박스 옆에 폐지와 물건을 담았던 종이상자, 주변에서 모은 병과 플라스틱과 일회용 종이컵 등을 모아 쌓아두고 있다. 젊었을 적 몇 살에 상처를 받았는지 그 시간에 머물러 있는 듯 긴 생머리에 수도사같이 긴 검은 옷차림이지만 앞부분 치아는 노숙생활로 이미 대여섯 개나 빠져 있다. 지나치면서 들으면 혼잣말을 하고 있다. 문을 열지 않은 가게 앞에서 일회용 가스 불에 찌개를 끓이기도 한다. 나는 여전히 흘낏거릴 뿐 그녀에게 손을 내밀지 못한다.

여자 노숙인들은 도심 어디든 편안하고 안전한 곳이 없다고 느껴서인지 퍼질러있는 모습을 볼 수 없다. 서성거리거나 서 있다. 언제든 스스로 방어를 해야 한다는 사실을 경험했기 때문이리라. 남자 노숙인들과 어울려 있을 때도 서 있다.

하지만 노숙하는 남자들은 지하철 계단이나 화장실 입구에 박스를 깔고 앉아있거나 구걸도 당당하게 하고 있다. 돈 받을 수 있는 작은 통을 옆에 두고 아예 누워서 잠을 자는 남자 노숙인들, 술 마시고 근처 마트에서 행패부리는 알코올 중독자에 신문이나 책 읽는 노숙인 등 다양하다.

영하 10도로 내려간 어느 아침 나는 수사 같은 검은 옷차림의 그녀를 발견하고 용기를 내어 말을 걸었다.

"두툼한 옷 좀 가져다드릴까요."

그녀는 웃으며 아니라고 대답한다. 그 한마디에 나는 더 이상 대꾸도 못하고 뒤돌아서 걸으며 후회하고 만다. 차라리 돈을 건네는 게 돕는 일인 것을.

'서 있다'는 일은 긴장했다는 의미다. 누군가를 기다리거나 마음이 편하지 않을 때, 시간이 없을 때, 망을 볼 때. 불안할 때 서 있어야 안전을 느끼는 것이다.

서 있는 노숙 여성에게서 나는 우리들의 모습을 본다. 현대 여성들은 이제 가정 일에서 해방된 듯 보이지만 어떤 행태로든 죽을 때까지 인생을 스스로 책임지고 돌봐야 할 상황에 부딪혔다. 살림할 규모도 줄어들고 로봇이나 컴퓨터가 내장된 가전제품이 발달하여 가사노동에서 풀려나버렸는데 시간과 자유를 얻은 대신 쉬지 않고 움직여야 한다. 스스로 결정하고 책임질 일이 늘어나고 봉사활동을 하고 바깥생활을 이어가야 한다.

지식인이고 세련되고 자의식 강한 현대 여성들은 서 있는 여성이다.

나의 삶도 이대로 100살 되도록 늦출 놓지 못한 채 서 있는 여자로 살아갈 것 같은 예감이 든다.

나도 출근한다 왜

출근시간 전철 안은 혼잡하다. 자리를 잡고 앉는다는 것은 아예 포기해야 한다. 서 있는 일도 한 시간 넘도록 중심 잃지 않고 가려면 웬만한 틈새도 체면불구하고 뽀작뽀작 밀면서 잡아야 한다. 출근하는 젊은이들 틈에 끼여 주위를 살피면 내 나이의 여성을 만나기가 쉽지 않다. 퇴직한 남편 따라 귀촌하거나 해외여행 다니고 봉사활동에 손자손녀 육아일로 불려 다니느라 여성의 쓰임새는 전 세계적이다.

"출근시간에 노인들은 왜 나와서 자리를 차지하고 그래?"

조용하던 전철 안이 여인의 일침으로 잠시 휘청하는 듯하다. 하지만 작은 물고기 꼬리 포닥거림이었는지, 못 들은 척하는지 아무도 반응을 보이지 않는다. 경로석에 앉은 남자노인들도 고개를 숙인 채 자기와는 상관없다는 태도다.

나 혼자 가슴을 올랑거리며 여인을 바라본다. 칠십 중반 두 여인은 젊은 남자들이 몰려있는 가운데 통로에 서서 경로석을 흘낏거리며 다시 나이 든 경로들을 공격한다.

"이 시간에 뭐 볼일이 있다고 젊은 사람들 출근하는 시간에 나와서 돌아다녀? 아침 먹고 느긋하게 나오면 자리도 넓고 그럴 텐데, 할 일 없으면 뒷산이나 올라가든지……. 하여튼 문제야."

거침없는 여인의 투덜거림에 나는 다시 설전이 벌어지는 상상을 하며 남자 노인들을 바라본다. 옷차림은 등산복이거나 후줄그레한 파카 차림에 푹 눌러쓴 야구모자 아래 얼굴은 대체로 지르퉁한 표정이다. 위엄이나 유들진 면모를 잃은 지 오래되어 눈빛도 아슴프레하다.

듣는 사람은 나 혼자일까? 모두 들리지 않는 사람처럼 관심을 보이지 않는다. 이쯤이면 어디선가 동조하는 대꾸가 있다거나 이 모든 상황을 정치인이나 국가의 할 일이라고 몰아가며 유창하게 정견 발표하는 남자 어른이 꼭 등장하는데 이른 아침이어서인지 전철 안 공기가 착 가라앉아 있다. '이봐 좁쌀 할매들! 입 닫어. 아침부터 떠들기는. 당신은 남편도 없어?' 그런 지하철 막말녀도 없고 이구동성 대꾸하는 입들을 스마트폰으로 찍고 무한복제 퍼나르기로 신바람 내는 사람도 보이지 않는다.

모두 귀에는 이어폰을 꽂고 스마트폰으로 드라마를 보거나 게임 삼매경이고 고단한 얼굴로 쪽잠이라도 자두려는 듯 거의 꼬꾸라져 있거나 눈 감고 입 벌린 풍경이다.

무엇 때문인지 분명히 의도적으로 공격하던 여인은 시큰둥한 반응이 예상 외라는 듯 다시 갈갈거리며 말을 뱉는다. 젊은이를 역성들고 나이 든 남자를 마음 상하게 하여 무엇을 얻으려 하는 것인지 궁금하다.

가뜩이나 피곤한 젊은 사람들인데 힘 좋은 노인들은 서서 가도 되지, 하필 출근시간에 나와서 자리 비키라는 식으로 버티고 서면 누가 좋아하겠냐는 내용을 반복한다. 듣고 있던 나는 점점 불안해져 맥박수가 빨라졌다. 이러다 어느 남자가 참지 못하여 폭력이라도 쓰는 것 아닌가. 마음에 상처를 주고 건드리면 가장 먼저 폭력적으로 변하는 게 남자 아닌가. 여인은 분명 누군가의 심기를 불편하게 하려는 듯 자꾸만 자극적인 말로 깐족거린다, '그만하세요. 당신은 경로 아닌가요?' 하고 싶은 것을 참고 있을 때였다.

"이봐, 상늙은 왕언니 당신은 왜 나왔어? 분수없이……. 경로석에 안 서 있다고 경로아녀?"

드디어 경로석에 앉아있던 한 남자가 대변인처럼 입을 연다.

"얻다 대고 상늙은이야. 나는 며느리 출근시키고 손자 유치원 등원시키러 출근이라도 하지"

여자는 마치 기다렸다는 듯 힘을 받아서 응수를 한다.

남자도 지지 않았다. 봇물터진 듯 쉬지 않고 말을 이어나간다. 가족들 먹여살리느라 젊을 때 뼈가 부서져라 일하고 이제 같이 오순도순 늙어가나 했더니 마누라 만나기가 대통령보다 어렵다니……. 애 봐준다, 여행 간다, 모임 간다며 해가 뜨자마자 나가버리면 저녁때나 들어오는데 잔소리하면 황혼이혼 들먹거리니 남자는 피눈물 난다. 두 남녀, 무릎맞춤이라도 할 양 등등했던 패기로 설전을 벌이더니 시간이 갈수록 신파가 흐른다

"당신만 출근해? 나도 출근한다. 공짜 점심 먹는 식권 못 받을까봐 출근한다. 왜? 일찍 가서 줄을 서야 식권을 받을 거 아니야. 여편네들이 나 몰라라 팽개쳐둔 남편들이 이 모양이다, 알았냐."

나는 그들이 주고받는 말에서 갈 곳 없는 부부싸움을 본다. 그들이 주고받는 말싸움은 같이 늙어가는 배우자와 아무 말이라도 하고 싶은 목마름이고 외로움을 달래가며 정을 나누고 밥한 그릇 같이 먹고 싶은 저항정신이다.

아침 출근시간 전철 안은 나이 든 남성 대 여성 대표가 벌이는 부부싸움조차 관심 없다는 듯 조용하기만 하다. 출근하는 젊은이들은 이들 외침이 들리지 않는지 들려도 관심이 없는지 무표정한 채 자신들의 스마트폰에 코방아를 찧고 있다.

어느 날 이른 아침 남편이 날바람잡이처럼 나간다. 야구 모자 눌러쓰고 등산복 차림인데 가슴이 철렁 내려앉는다. 설마 점심식권 받으러 출근하는 것은 아니겠지.

세상을 고이는 일

'처음부터 끝까지 같은 상품으로 담아주면 안 되나?'

제사상 올리는 여러 가지 과일을 들이고 상자를 뜯을 때마다 실망하는 적이 더 많다. 포장술만 대단하지 내용물은 기대만큼 알차지 않을 때가 많기 때문이다. 사람들 마음을 잡느라 포장용으로 첫줄에 올린 과일과 밑바닥 상품이 항상 차이가 나는, 오래된 관행 같은 고질 앞에 번번이 좌절한다.

불편한 마음이지만 나 역시 접시에 과일을 괼 때 물건 파는 이와 같은 방법을 쓴다. 작은 것들을 아래로 깔고 보기 좋고 큼지막한 것들을 위로 올리느라 애를 먹는다.

무의식적이다. 지금까지 배워온 패턴대로 당연하다는 듯 제물을 괴며 별다른 생각을 하지 않는다. 특히 대추를 쌓아올리거나 깎은 밤을 접시에 고일 때는 어려운데도 어쩔 도리가 없다. 크기가 일정하지 않고 울퉁불퉁하니 작고 모양이 나지 않는 것을 아래로 깐다. 그렇게 하다 보면 조금만 흔들려도 간신히 고인 것들이 우르르 무너진다. 틈새로 크고 작은 것들을 조화롭게 끼워 맞추면 괸 제물들이 흔들리지 않고 견딜 수가 있다. 고이기 편한 일만 생각하면 큰 놈을 아래로 두고 작은 것을 쌓으면 쉬운 일이지만 기왕이면 다홍치마라고 모양이 나지 않는다. 그렇지만 작은 것만 골라서 아래로 쌓기 시작하면 위로 갈수록 큰 것만 올라가니 아래는 힘을 받지 못해 흔들리다 조금의 부딪힘이 있어도 무너지고 만다.

처음 시집살이할 때는 일을 잘 못하니 뭐든지 접시에 담는 일을 먼저 배우라고 하였다. 제사가 여러 상씩 이어지면 그만큼 상에 올리는 제물도 모두 새로 바꿔줘야 한다. 밤과 대추 과일 접시를 몇 번씩 고이는 일이 힘들어서 제일 큰 놈들을 아래로 깔고 작은 것을 올리니 탄탄하고 흔들리지도 않고 좋았다. 그러나 평생 제사상 괴는 일에 자부심을 갖고 있는 집안어른들이 누구인가. 매서운 눈썰미로, 뒤집힌 음식상을 모두 철수시켰고 여러 날씩 모여서 장만했던 제물을 형편없게 만든 새 며느리는 집안 형님들에게 경계 대상이 되고 말았다.

중고등학교 체육행사 때의 기수단을 생각한다. 도 대항 학교별 체육대회가 있을 때 우리는 종합운동장으로 가 매스게임에 참여하곤 했다. 그럴 경우 학교에서 하는 조회 시간과는 달리 키 작은 친구들은 당연하게 가장 뒤로 밀려난다. 도지사

와 도민들이 관람하는 큰 체육행사이니 키가 크고 멋져 보이는 아이들을 기수단으로 뽑아 앞줄을 장식하고 나가야 하는 것이다. 그럴 때마다 나는 줄 꽁무니에서 볼품없는 존재라는 것을 확인받으며 열쩍어 했던 기억이 있다.

언젠가부터 사람들이 종말론이나 망국亡國론을 반복해오고 있다. 그런 위기사회 진단 근거도 얄팍하기만 하다. 그저 막연하게 인간의 죄를 거론하거나 지나치게 발달한 과학문명을 탓하고 멸망한 로마처럼 한국에 목욕탕이 많아지고 음식문화가 발달하여 과식하는 징후들과 닮아있다는 그럴싸한 경고 메시지를 보낸다.

시오노 나나미 에세이집 ≪생각의 궤적≫에서 '정신의 위기'를 말한 부분이 있다. 현대 문명 상황과 5세기 말 고대 로마의 멸망이 흡사하다고 하며 중세 암흑기가 다시 온다는 현대문명의 위기를 부추기는 위기론을 꼬집은 것이다. 위기론은 여러 가지 원인이 있지만 가장 중요한 것은 정신의 위기라고 했다. 문명이 발달할수록 선진국형 사회에서는 생활수준이 낮은 이민족의 문명으로부터 침입을 받는다고 한다. 로마는 3D 노동시장과 외인부대에 야만족(시오노 나나미 표현)을 받아들여 처음에는 그들 문화까지 흡수하고 자국의 문화로 발달시켰다. 하지만 힘든 일을 하지 않으려는 국민들의 정신은 나약해지고 먹고 살아야 한다는 동기유발이 강력한 야만족이 유입되면서 그들 문화가 다시 그 나라의 밑바탕을 형성하는 일은 위험할 수 있다는 내용이다.

우리나라도 노동시장은 이미 이주노동자들이 거의 맡아주고 있는 현실을 곳곳에서 본다. 건축일이나 식당은 물론 서비스, 판매, 교육까지 파고들었다.

갓난아기부터 유아들을 돌봐주는 다른 국적을 가진 보모들을 마을 버스나 마트에서 종종 보면서 생각을 한다. 이 세상 부모들 어느 누가 자식들이 힘든 일이나 허드렛일을 직업으로 갖기는 원하겠는가. 자식들만은 존경받으며 돈 많이 벌어들여 권력을 창출하는 직업 갖기를 꿈꾸며 바깥일에 매달리고 육아를 다른 사람에게 맡기는 일은 모순이다.

이제 우리의 많은 아이들이 갓난아기 때부터 다른 문화권의 영향을 받으며 자라나고 있다.

경기도 성남시 남한산성을 가면 안팎 이중으로 쌓은 성벽의 바깥성을 큰 돌 사이에 작은 돌을 끼운 형태로 쌓아올린 한봉성벽을 볼 수 있다. 모양이 일정하거나 크기가 고른 돌만 골라 성벽을 쌓아올리는 일은 힘들 것이다. 큰 돌과 작은 돌을 끼워가며 성벽을 쌓았다. 가장 아래는 넓고 큰 돌들이 주춧돌로 자리 잡고 있다. 주춧돌을 놓지 않아, 숫제 무시해버려 세상이 고여지지 않은 채 흔들리다 대형사고로 이어지는 일들이 터지고 있다.

믿음직하고 가장 잘난 것들이 밑바닥을 고이는 일. 세상을 그렇게 되돌려 놓는 일이 힘든 것일까.

물 한 사발의 아이

그 방에 물 사발은 우연히 있었던 걸까. 어머니 의중을 몰라 지금도 가끔 시험에 들고 마는 자신을 본다.

'하루 종일 있어도 물 사발이 그대로 있었다니까.'

돌잡이 아기를 방안에 두고 바깥일을 보러 나가야 하는 어머니는 뜰먹대다 울먹이는 아기 주저앉히는 언변을 구사했으리라. 이십 초반의 어머니는 상상이 가지 않지만, 밤마다 나타나는 좀도둑과 예사로 대치하곤 했던 어머니의 목소리는 어느 땐 천둥소리였을 테고 물려받은 재산도 없는 가정을 스스로 일궜으니 태도는 늘 당찼다. 아무렴. 어머니에게 자신의 생명줄이 걸려있는 일쯤 본능적으로 알아차렸을 돌잡이 아기가 어머니의 경고를 못 알아들었을까. 어머니의 시퍼런 서슬에는 물 사발 저도 움찔하여 출렁였을 것 같다. 그렇잖아도 언성을 높이며 아버지가 어머니 앞으로 날리던 국 대접이나 동댕이쳐지는 물 사발로부터 받은 공포로 아기의 삶은 충분히 자지러져 버린 후였다.

"하루 종일 방안에 뒀는디, 물 대접도 걍 그 자리에, 쟈도 그 자리에 있었당게로. 무슨 애기가 부처님맹기로 꿈쩍 않는단 말여?"

부처는 몰라도 여자아이는 자라면서 어쨌든 부처님과 겨룰 만큼의 미덕을 갖춰야 성품이 완성된다고 믿었다. 온화하고 조용한 품성에 어지간한 일에는 절대 물 사발부터 집어던지지 않는 진중함을 갖춰야 했다. 양은그릇을 들고 나가 엿과 바꿔 먹거나 뛰어놀다 팔다리 부러지던 남동생 둘은 날마다 어머니에게 욕을 먹고도 무언가 해내라 졸라대며 목청껏 대들다가 아궁이 불을 헤집던 부지깽이까지 날리게 하는 살아 움직이는 존재들이었고 나는 목청도 없이 태어난 녹신녹신한 여자아이였다. 물 사발 엎지 않은 아기가 그리 대단했을까. 내 답답할 정도의 신중함에 대한 어머니의 칭찬은 사춘기가 돼도 끝나지 않았다.

나와 물 사발 이야기는 전설처럼 동네를 떠돌고 친척들 사이를 돌아다녔다. 나는 어머니가 과대 포장한 아기로, 어머니의 친정에 일 년 넘게 맡겨졌는데 그곳에서도 "야가 가여?"로 통하게 되었다. 꽤 큰 마을에 자리 잡고 살았던 외가 동네 곳곳에서는 자주 물 사발이 마당으로 뒹굴고 밥상이 내동댕이쳐졌다. 울며불며 어머니를 찾아 버둥거려할 아기의 삶은 응결되어 버린 채 더욱 숫된 아이로, 투정부릴 줄도, 울 줄도 모르는 아이로 커 갔으리라.

짐작한다. 뜰마루는커녕 문지방도 넘지 못할 만큼 겁을 준 어머니가 나가면 나는 분명 움직였으리라. 고개를 도리반대다가 살짝 물 사발 앞으로 기어가서 손가락으로 물을 찍어보고 살펴보았을 게 틀림없다. 이내 부엌으로 난 여닫이문도 흘끔거린 다음 얼씬거리지 않다가 목이 마르면 살짝 물 사발에 입을 대고 들이켰을 수도 있고 때로는 울먹이다가 잠이 들었을 수도 있다. 무릎 마디가 아플 만큼 그대로 있기야 했을까. 말을 듣지 않으면 물 사발이 날아들 수 있다는 위험을 느끼면서 개가 짖어대고 돼지 꿀꿀거리는 소리를 음악 삼아 바깥에 귀를 기울인 채 누군가 자기 곁으로 돌아와 주기를 기다렸을 것이다. 아이는, 어머니라는 존재는 기다려야 온다는 것을 깨달았기에 부처가 되어 물 사발이 날아드는 두려움도 이겨낼 수 있었던 것이다.

돌담도, 토담도, 꽃담도, 대문까지 없이 살았던 외딴집의 아이는 온통 꽃살문 밖으로, 길가 어디쯤으로 귀를 기울이며 그저 기다리는 일에 익숙해져야 했다. 집 주위를 에워싼 배추꽃, 무꽃, 오이꽃, 호박꽃, 토끼풀꽃, 탱자꽃이 아무리 향기를 드높여도 그들에게 '예쁘구나.' 말 한번 건네줄 줄 모르고 바라보기만 하는 아이였다.

그토록, 내 삶을 위한 심마니가 되어 치근거리고 따깜질하여 갖고 싶은 것 빼앗는 재주도 없는 사람인 채, 홧김에 물 사발 한 번 날리지 못하는 사람으로 살다가 '꿔다 놓은 보릿자루냐'는 앞정강이 차이는 소리를 듣기도 했다.

세상이 바뀌어 국 대접 날려버리고 물 사발 내던지던 남정네들이 사라졌다. 마음속에서 두려움도 사라진 지 오래지만 나는 아직도 꿈쩍하지 않는다.

삶이 소들소들해 보이면 어떠랴. 물 한 사발과 버티기를 한 덕분에 책을 친구 삼고 글을 쓰게 되어 인생이 풍성해지는 것을.

작가의 하루

때로는 내 자신이 이끼 뿌리마냥 헛뿌리의 존재라는 자의식에 시달린다.

어느 날이었다. 한낮의 햇살 때문인지 무력감으로 서 있다가 문득 햇살이 너무 강하지 않나 깨닫게 되었는데, 강한 햇살을 인식하자마자 따분함이 밀려들었다. 꼬리를 물고 알랑들롱 주연의 〈태양은 가득히〉 영화가 떠올랐고 "햇빛살인"이라는 구절을, 〈이방인〉을 쓴 카뮈도 기억해냈다. 이제 여기저기 강의를 다니는 내 삶에도 권태가 끼어들고 있구나, 그런 자괴감에 휩싸였다. 내가 타야 할 버스가 앞에 와 있는 줄도 모른 채였는데 '쿵' 소리가 하늘로 솟구치며 주변을 흔들었다. '교통사고'라는 직감으로 반대편 차도를 보는 순간 배달 오토바이가 뒹굴고 튕겨져나간 청년이 세 번쯤 도로를 구르다가 푹 꼬꾸라졌다. 차들이 멈추었는데 오토바이를 들이받은 검은 승용차에서 풍채가 좋은 남자가 나오더니 청년에게 달려가는 것이 아니라 뒤차로 갔다. 뒤차에 있는 사람과 명함을 주고받더니 웃으면서 이야기를 나누었다. 그 장면에 도로변에 있던 많은 사람들이 경악하면서 욕설을 했다.

인도에서 위험을 무릅쓰고 사고 현장으로 달려가는 남자도 있었고 오히려 다른 차에서 사람이 나와 청년을 살피러 다가갔다. 놀란 나도 119에 교통사고를 알렸는데 그나마 의로운 사람들을 보고 안심할 수 있었다. 진정되지 않는 마음 때문에 버스를 타지 못하고 잠시 걸어야 했다. 구급차 소리를 들으며 그 자리를 벗어났지만 청년의 모습이 자꾸 떠올랐다.

사고를 당한 청년이 아르바이트 학생 같아 보여서 나 역시 충격이 컸고 분명 그의 어머니도 놀랄 일에 마음이 아파왔다. 더 이상 나쁜 일이 일어나지 않기를 기도해야 하는데 일어나지도 않은 많은 일들을 미리 걱정하며 눈물을 찔끔거리다니…. 후들거리는 다리로 탈진한 사람처럼 한적한 골목으로 걸어들어갔다.

대낮의 골목은 한적하고 고요했다. 햇살이 스미지 않는 골목에서 섬찟한 기운을 느끼며 걸음을 빨리 하는데 어느 다가구주택 시멘트 바닥에 30대 여자가 널브러져 있는 게 아닌가. 가까스로 숨을 토해내듯 헉헉거리는 여자의 절박한 눈빛과 내 눈빛이 마주쳤다. 다가구 몇 층에선가 폭력이나 무엇인가를 피하다가 여자가 떨어지며 허리를 다쳤다는 판단이 들었다.

얼핏 남편인 듯한 남자가 서 있기에 그냥 지나치려다 정상이 아닌 광경이라는 생각에 다시 돌아보았다. 남자가 위급해 보이는 여자 몸 위로 두 다리를 벌리고 서서 휴대전화를 하며 킬킬거리고 있었기 때문이다. 이유 모를 공포가 밀려들어 훔쳐보고 있는데 이웃인 듯한 여자가 다가와 속삭였다.

"이상하지 않아요? 부부가 아닌 것 같아요."

자기도 도와주러 갔지만 여자가 '살려 달라.'고 하는데 남자가 상관 말라며 험악하게 굴었다고 한다. 나와 여자는 자리를 뜨지 못하고 안타까워하다가 신고를 하는 게 낫지 않나며 구조 요청전화를 했다. 119에서는 오히려 나에게 '진짜 사고 맞냐.'며 장소를 지키라고 요구했다. 강의하러 가던 중 우연히 보고 알려드린 일이어서 시간이 없다고 일러주었는데 그들은 다시 전화를 걸어 시간을 끌었다.

전화로 실랑이를 벌이다 시간에 쫓긴 나는 버스를 탔다. 햇살이 버스 안으로 가득 차 나른한 기운을 이기지 못한 승객들은 졸고 있었다. 오토바이 사고의 목격과 젊은 여자 일을 겪은 채 간담이 서늘해진 나는 버스 안을 둘러보았다. 졸지 않고 있는 육십대 후반으로 보이는 남자가 초등학교 3학년쯤 돼보이는 여학생 어깨에 오른쪽 팔을 두르고 앉아 있었다. 누가 보아도 할아버지와 손녀였다. 조금 후 여자 어린이가 불안해 보이는 표정을 감추지 못한 채 남자의 손을 걷어내면서 일어났다. 그제서야 나는 이상한 낌새를 눈치챘다.

다행인지 내가 내릴 곳에서 여자아이도 내리고 나는 남자를 물리쳐줘야 할 것 같아 '아는 사람이냐?'며 말을 걸어 주었다. 여자아이는 아니라며 우물거렸는데 남자는 더 이상 따라 오지 않았다. 나와 여자아이가 같은 건널목을 건널 때까지 남자는 보이지 않았고 나는 강의시간에 대 가느라 여자아이와 헤어지게 되었다. 걷다가 그래도 혹시? 하는 노파심으로 잠깐 뒤를 돌아보았는데 언제 나타났는지 남자가 여자아이를 뒤따라가고 있었다. 그때의 낭패감이란.

수업을 하는 내내, 집으로 돌아가서도 마음이 뒤숭숭했다. 햇살을 핑계 삼아 사람들이 더 이상 잔혹한 기운을 발산하지 않도록 바랄 뿐이었지만 내 죄의식이 사라지는 건 아니었다. 하루 동안 겪은 몇 가지 일들로 오랜 세월을 보낸 것처럼 아득한 기분이 들었고 잠을 못 자고 뒤척이며 공황상태의 날들이 지나갔다.

타인에 대한 나의 연민은 부러진 칼날이나 나무거울*처럼 쓸모없었을까. 순전히 내 인격을 위해 겉꾸림**한 관념이라는 자책도 들었다.

월터 페이터의 〈마리우스의 독백〉 같은 하루에서 나는 내가 가진 연민의 실체를 보게 된 것이다.

---

* 나무거울: 모양은 그럴듯하나 실제로는 아무 소용없는 사람.
** 겉꾸림: 속의 나쁜 것은 감추고 겉은 보기 좋게 꾸밈.

전혜린의 바벨탑

—여성의 가장 큰 본질적 약점은 사치奢侈의 광적 추구와 같은 생에 대한 비본연성非本然性인 것 같다.—

전혜린의 수필 〈사치의 바벨탑〉처음 부분의 작은 타이틀이다. 그녀의 글을 읽으면서 나는 늘 전율한다. 행간 행간 초를 다투며 고뇌한 흔적이 엿보이고 심연을 헤매며 사색하고 예언자처럼 본질의 모습을 끄집어내는 통에 만약 그녀가 살아있어서 친구나 연인 관계였다면 영혼까지 들켜버릴 것 같은 두려움 때문에 숨도 제대로 쉬지 못해 달아났을지 모른다는 생각을 한다.

전혜린이, 암울한 시대에 인간적인 삶을 누리고자 치열하게 살았던 오륙십 년대부터 무려 사십 년이 흐르고 있지만 그녀의 예지대로 여자의 삶은 겉포장의 모양과 색깔, 재질만 달라졌을 뿐 본질적으로 크게 달라졌다는 생각은 할 수가 없다. 개인만 보더라도 우선 열악한 조건이지만 자신의 인생을 살기위해 당찬 선택을 했던 그녀와 비교해 보면 분명 후퇴한 삶을 살고 있다. 어떻게 그리 날카롭고 무섭도록 여자의 속성을 분석했을까 싶을 만큼 〈사치의 바벨탑〉은 여자에 대해 정확한 깊이가 있고 적나라하다. 여자의 본질적 약점이라고 평한, 옷이나 보석에 대한 애착도 여전하고 아직도 대다수의 여성들이 자기로서 살려하기보다 남편의 사회적, 경제적 위치에 의존해서 느끼는 결혼의 명예를 더 중시하는 풍토도 변하지 않았다.

전혜린의 〈사치의 바벨탑〉은 전무후무한, 여성의 의식이 깨어나기를 희망하는 여성 고찰 수필이다. 수십 년을 뛰어넘는 그녀 앞에서 게으른 내 일상이 무방비하게 보여지는 것 같아 부끄러움이 인다.

사실, 칠순이 다 되어가는 어머니와 사십 넘은 딸인 내 삶을 비교해 봐도 여자의 사회적 지위 향상이나 변화를 생각 해 보면 이렇다 하게 달라진 점은 없다.

일제치하에 땅뙈기 약간 있는 딸부자 집 넷째로 태어난 어머니가 단지 여자라는 이유 하나로 아무런 저항 의식도 없이 견뎠던 천대, 그리고 단신으로 월남한 상이용사 아버지와 숟가락 두 개로 시작했던 그 고단했던 삶 이야기를 빼고 나면 지금까지 자식 걱정하며 살림재미를 보고 있는 어머니의 일상이나 어머니의 못 배운 한이 풀릴까 해서 기를 쓰고 가르친 딸이 결혼을 이유로 주질러앉은 채 자식을 위해 부엌데기를 자처하는 일상이 오십보백보다. 어머니와 딸이 다를 게 있다면, 어머니가 입고 싶은 옷 안 입고 덜 먹으며 땀흘릴 때 그 품덕으로 딸은 책보따리만 끼고 다니며 해반드르르한 얼굴로 미팅하러 다녔고 어머니는 뙤약볕에서 까맣게 그슬리며 밭일을 하다가 새참으로 막걸리를 마시는 동안 딸은 도시의 빌딩 숲에서 창백한 혈색으로 하루 서너 잔의 커피를 마시며 지성의 허울 속을 사는 모습이다.

어머니의 나날은 미처 포장되지 않아 원색적이고 거칠 것 없어 촌스럽게 드러나지만 도리어 삶을 바라보는 태도는 솔직하고 가식 없는 자세라고 말해야겠다..

대학 물을 먹었다는 딸의 일상은 수많은 포장지에 겹겹이 싸여 교양을 따지고 체면을 앞세우느라 때로는 나약하고 비겁하게 굴며 정직하지 못하다.

여자는 본질적으로 달라질 수 없는 것일까.

전혜린의 수필을 읽으면서 나는 절망을 본다. 아직도 여기저기서 전혜린의 절망과 한숨 소리가 들려오기 때문이다.

대학을 졸업하고 결혼생활에 묶여 마음 편하게 집 밖을 나와본 일도 없고 가족을 잊어버리고 외출 한번 엄두를 내지 못한 여성들, 설혹 단 며칠의 휴가를 보란 듯이 챙겼다가도 죄책감에 다시 튕겨들어가 결혼 생활의 평화를 그려내는 그들을 보면 저들이 그때 그리도 패기만만하게 정의를 이야기하고 전혜린을 꿈꾸며 계산 없는 사랑을 찾아 헤매던 그들인가 아찔해진다.

가랑비에 옷 젖는다고 남편의 보호 밑에서 이럭저럭 사지를 놓아버린 그들에게서 회피인지, 무반응인지, 포기인지 모를 묘한 두려움의 냄새를 맡으며 나는 파도치는 물결 저 밑의 아늑하고 느릿한 흐름을 느낀다. 그나마 사회 활동을 한다는 성격이 다른 모임을 가도 마찬가지다. 여인들은 남편의 지위가 당연히 자신의 모든 것인 양 남편 이야기에 자신을 덤으로 얹어 자신을 확대 해석하고 뒤슬한 언동을 보이며 그 포만감에 포장하기를 즐긴다. 역시 그들은 빼놓지 않고 자신들의 오래된 최고 학벌을 끄집어내 되새김을 하며 자부심을 향유한다. 마치 묵은 먼지를 털거나 하면서 정성껏 손질하여 햇볕을 쪼인 다음 들여놓는 비싼 옷이나 장식품처럼 한가로운 탐닉으로 그 분위기를 즐긴다. 점입가경은 일껏 비싼 학비 들여 최고학부까지 가르친 딸들을 다시 결혼의 명예를 사는 데 아낌없이 투자하는 '길들여진 습성'을 발휘할 때다.

정말로 여성들은 그 정도밖에 되지 않을까, 아니면 살아보니 역시 여성이 있어야 할 자리는 남편의 그늘이 최고라는 명답을 찾았기 때문일까. 그렇지 않으면 하나의 절차적인 삶인데 무시하기에는 너무나 큰 멍에가 기다릴지 모른다는 두려움의 반작용인가. 그동안 이 사회의 딸들은 구조적으로 모순 투성이인 남성 중심 사회에서 힘들게 부딪치느니 일찍이 포기하고 명예를 고르는 일이 훨씬 안정적이라는 판단을 은연중 종용받으면서 지내왔다. 마찬가지로 나 자신도 여자로서의 삶보다 자신을 위해 당당하게 살기를 희망하며 딸을 향해 바벨탑을 쌓지만 자신이 없다. 결혼의 달콤한 굴레가 혼란스러울 겨를도 없이 강렬하게 끌어당길 때 내 딸을 향해 당차게 박차고 나가라고 충동질할 권리도 없지만 그 순간에는 아무런 말도 하지 못할 것 같다.

그렇지만 이 땅의 어머니들이 쌓아올리는 비벨탑은 진정 하늘에 오르려 도전하며 탑을 쌓다 하느님의 노여움을 산 노아의 후손처럼 무위로 끝나는 탑이 아니기를 기대한다. 감히 도전할 수 없는 성역은 아니련만 여자를 자신 없게 만들고 두려움 속에 빠트리는 하는 그 근원은 무엇인지 묻고 싶다.

청빈해서 아름다웠던 습작시대

언제부터였을까. 나의 글쓰기가 세상 눈치를 보기 시작한 게……. 쫓기는 마음이 들수록 방바닥에 배 깔고 엎드려 책을 읽고 낙서를 하던 내 젊은 날이 그리워진다. '영혼의 배고픔'으로 내면을 닦달하는 작가적 기질이나 나를 내어주려는 성실함보다 '글 좋더라.'는 따뜻한 평에 위안을 얻으려, 보이지 않는 누군가를 의식하며 단어를 검색하고 문장을 수도 없이 손질해 대는 나……. 그래도 불안함을 버리지 못해 빈약하다고 생각하는 내용에 덧붙일 책을 찾는 '나'는 누구일까. 나는 이제 영감보다는 15분에 몇 자 이상을 써야 하고 장편 한 작품에 단어가 몇 만 자 이상 들어가야 한다는 기계논리로 써가는 영국의 작가 앤터니 트롤로프식으로 길들여지고 있다.

겨울날 방바닥에 엎드린 채 온돌의 뜨끈함만으로 행복을 느끼며 뒹굴었던 습작기는 손맛과 영감이 글쓰기의 전부였다. 컴퓨터 글쓰기도 손으로 벌이는 작업이지만 손맛이나 작은 행복을 느끼지는 못한다. 육필원고를 내야 했던 때 3000자 내외의 글을 완성하기 위해서 벌이는 작업이란 가히 수도사의 정진이라고 해야 했다. 아무리 마음에 드는 초고라도 열 번은 고쳐야 한다는 강박관념 때문에 일일이 손으로 새 원고지에 고쳐가면서 옮겨 적었던 작가 데뷔시절도 있었다. 그러한 번거로움을 한꺼번에 없앤 컴퓨터는 아무리 많은 분량의 원고도 저장만 해 두면 수시로 열어 고쳐야 하는 부분만 지우고 문단을 이리저리 짜깁기하도록 간편해졌다.

마흔한 살의 짧은 생 동안 예술가적 정신으로 살며 고통스러워했던 카프카가 디지털 시대에 살았다면 그의 글쓰기는 어떻게 되었을까 궁금해진다. 카프카도 저장키를 누르며 문장을 짜깁기했을까. 살아있는 동안에도 작품을 별로 발표하지 않았지만 죽을 무렵 친구에게 미처 발표하지 않은 작품은 모두 없애달라고 부탁했던 카프카의 마음은 무엇이었는지 알고 싶다. 일기를 써놓고 누가 볼까 두려워 태워 버리곤 했던 내 소녀적 결벽증과 카프카의 심리적 압박감은 무엇이 달랐을까.

카프카는 자신의 일기에서 표현했듯 인정받기 위해서가 아니라 '쓴다는 것은 기도의 한 형식'이라고 했다. 삶과 예술이 서로 분리되지 않아 자신을 소모시키다시피 한 작가생활이 그의 삶을 일찍 끝나게 했는지 모른다.

때로 나는 글쓰기가 무의미하다는 생각에 빠진다. 쓰지 않거나 쓰거나 나는 늘 당혹스럽다. 작가라는 이름 아래 '나'를 속이며 글을 쓰고 있는 내게서 마치 울면서 밀린 일기 숙제를 해댔던 어린 날의 나를 느끼기 때문이다. 별 다를 게 없는 비슷한 책 몇 권을 출간한 내 모습은 마치 사무엘 베케트가 쓴 〈메르시아와 카미에〉속의 우유부단한 중년의 두 주인공 남자와 다를 게 없다.

이들 작품 속에 나오는 두 남자 메르시에와 카미에는 어느 날 모든 것을 뒤로하고 여행을 떠나기로 결심한다. 둘은 여행을 떠나기 전에 안전하고 유익한 여행을 위해 더없이 세밀하게 의논한다. 이 세상 누구보다도 침착하게 자신들이 여행을 통해 무엇을 얻을 것인지, 어떤 좋지 않은 일을 만날 것인지 끝없이 저울질하면서 토론만 거듭한다. 결국 둘은 '모르는 것 속으로 가볍게 나서지 않는 것'으로 결론을 내리며 떠나지 않는다.

끝내 그 어느 곳으로도 떠나지 못하는 두 남자의 용기없는 모습은, 입버릇처럼 무언가 독창적인 글을 쓰고 싶다고 말하면서 그 어느 것도 자신 있게 쓰지 못한 채 제자리를 맴도는 내 분신이다. 언제나 그 자리에 있을 수밖에 없는 두 남자는 언제나 똑같은 글만 쓰고 있을 뿐 아무것도 써대지 못하는 '나'이다.

아……. 열꽃처럼 전신을 뒤덮었던 습작시절의 그 맹목이

여. 스무 살 무렵은 카프카처럼 수줍음으로 자신을 감추고 도사린 채 자신을 냉혹하게 다룬 아날로그식 습작기였다.

낙서노트에 숱하게 쏟아놓은 욕망과 부조리에 절망했던 감정의 덩어리들, 헤세를 흉내내고 그의 글을 베껴두었던 내 습작기는 거칠지만 영혼의 청빈함을 향해 내닫고 있었다.

젊음 이외에는 모든 결핍으로부터 달아날 수 없는 그 무렵 내가 할 수 있는 일이라곤 날마다 편지를 써대고 머릿속을 오가는 생각들을 끼적이는 것이었다. 불확실한 미래 때문에 어쩐지 불행한 젊음이라는 변덕에 사로잡혀 지낸 채 우울해 한 날들, 시도 때도 없이 찾아드는 비감함을 움켜쥐고 뒹굴었던 한 칸짜리 하숙방에서 일기 쓰고 첫사랑에게 넋두리 편지나 보내고, 대상도 존재하지 않는 낭만적 연애감까지 얼마나 쏟았던가. 누구에게 보일 것도 없는 가장 자연스러운 정신의 발로가 나의 습작시대였다.

나는 추운 겨울이 아니어도 걸핏하면 글 쓴다는 핑계로 방바닥에 엎드렸다. 책을 읽을 때도 편지를 쓸 때도 낙서를 해도 가장 낮은 자세로 엎어져 나를 다스렸다.

노트와 펜 한 자루가 전부였던 습작기는 이제 오지 않는다. 미처 엎드릴 기회를 주지 않는 나의 저작도구는 호화판이다. 16비트로 시작한 컴퓨터 사용은 이제 계산할 수 없는 용량과 초고속 인터넷망으로 진화하였고 컬러 프린터에 스캐너, 디지털 카메라, 앱 등 오만하기 짝이 없지만 내면은 오히려 더 쓸쓸하다. 누군가 나보다 훨씬 진화된 기기로 글을 쓰고 있지 않을까 하는 불안함이 사라지지 않기 때문이다.

오지 않는 젊음처럼 '청빈했던 내 습작시대'도 나를 떠나버렸다.

가난했기에 아름다웠던 내 습작기여…….

터

강남거리는 '터'를 빼앗긴 폐허의 얼굴이다. 사람을 위한 공간이 없다. '터'(고어 Rum)는 원래 사람들이 살아갈 곳을 만들기 위해 비우는 곳이다. 'Rum*'은 모든 사물보다 인간의 거주를 위해 비워진 것이다. 돈 쓰러 오는 사람을 끌어들이기 위해 거주민들을 쫓아낸 거리는 어딘지 비정함을 품고 있다. 터가 사라져 존재할 곳이 없다는 막연함, 네모 반듯한 수십 층의 유리건물 앞에 서면 어느 한구석 마음이 들어설 틈을 찾을 수 없어 멍해진다.

별빛을 삼킨 불야성 거리……. 이곳이 뉴욕인가, 이태원인가? 클럽과 카페, 탈출구를 찾는 젊음이 뜻을 합해 하룻밤 미치는 문화만 살아남는 장소일 뿐이다. 시대의 울기鬱氣를 발산하

---

* Rum 터: 이종관의 ≪공간의 현상학, 풍경 그리고 건축에서≫

기 위해 날마다 축제가 벌어지는 이곳, 별 쏟아지는 논에서 개구리 울던 그 정다운 풍경을 엎어버린 이곳, 시적 언어는 사라지고 마르셀 뒤샹의 〈변기〉 같은 해프닝만 남아 이른 아침 출근길을 아프고 쓸쓸하게 한다.

빌딩 지어 올리는 일이 끊이지 않는 도심 거리에서 나는 오늘도 빌딩 하나를 해체한다. 불도저도 없고 포클레인도 없다. 오로지 공상을 연장 삼아 상상력 부재의 유리와 철골의 정사각형 빌딩, 간판만 즐비한 모더니즘 건물의 이기심을 뜯어낸다. 성형외과를 뜯고 치과와 피부과, 산부인과, 커피 체인점, 네일숍, 모텔, 에스테틱스, 유학원, 어학원, 스마트폰 대리점. 패스트패션 상점을 차례로 허물어버린다. 다 부수고 나니 남은 공간은 지하 알라딘 중고서점과 그 건너편 교보타워 지하 교보문고다.

드디어 강남 일대가 눈을 뒤집어 쓴 초가집이 옹기종기 모여있는 듯하고 모내기 끝난 논물이 별빛을 받아 찰랑거린다.

건물 외벽에서 번쩍이는 광고 전광판을 보며 나는 별 쏟아졌던 외가의 마당을 떠올린다. 대나무 숲 뒤란과 평상이 있던 마당, 여름 방학이면 나를 반겨주던 외할머니, 소여물을 썰던 외삼촌, 외숙모와 그곳 친구들…. 더 이상 돌아갈 고향이 없다는, 터를 잃고 떠돌아야 한다는 불안 때문에 상실감이 사라지지 않는다.

낭만과 고전적 풍경을 버리지않은 채 상상력으로 잘 빚은

로마 건축처럼 우리의 고향이 수백 년 동안 변하지 않고 있었다면 어땠을까. 백 년 오백 년 천년의 그 터를 지키려면 엄청난 장애물들과 싸워 이겨야 하는 도시, 아무리 높은 빌딩이 올라가도 인간을 위한 터가 아닌 이상 끊임없이 옮겨다녀야 한다는 강박관념으로 인간은 존재감이 약하다.

오래전 나는 내가 태어나고 내가 자랐던 곳이 터라는 믿음이 강했었다. 내가 태어났던 곳에서 부모님과 영원히 살 줄 알았던 때 나는 그곳이 절대 변하지 않을 줄 알았다. 부모님이 자리를 잡은 그 터에서 단단한 믿음을 가지고 내 모든 존재의 형태를 만들고 있었다. 날마다 눈을 뜨면 보게 되는 마당의 꽃들과 열려있는 대문, 학교 가는 길, 내 이름이 불리고 우정을 쌓고 서로를 사랑으로 품어주어야 한다는 것을 배우던 장소였다.

그러나 어느 날 개발바람에 밀려 우리 집이 반으로 갈라지고 방문 앞으로 자동차가 다니는 큰길이 생기게 되었다. 어머니는 우리들의 절대공간을 지키기 위해 밤낮으로 1인 시위를 벌이기도 했다. 터에서 편안하게 죽음을 맞이해야 하는 '운명'이 사라지는 불행을 막기 위해 어머니는 필사적이었다. 반토막난 마당을 꿋꿋하게 지키다가 아버지와 어머니는 산과 강물이 흐르는 자연으로 터를 삼고 죽음을 맞이했다.

하지만 우리는 죽은 후에도 귀환할 수 있는 터가 없어 풍경

이 될 수 없는 도시인들이다,

폐허 위에 반전을 설계한다. 빌딩과 자동차길이 논과 밭, 살림집 마당을 부수었으니 이제 거꾸로 강남 거리에 삶의 풍경을 앉히는 것이다. 논농사와 추수 풍경을, 김장하는 풍경이 거리에서 벌어지는 것이다.

농업과 건축이 융합하는 어그리텍쳐(Agritecture)시대가 온다는데 이런 빌딩은 어떨까? 모기 · 파리 · 개구리 · 뱀 · 새떼 등 자연풍경 생명들이 어울려 사는 피라미드신전에 인간이 죽음으로 안착하는 터를…….

서울은 광장으로 통한다

서울은 이제 광장을 통해 세계적 도시로 커나가고 있다. '뿌리 뻗은 나무는 가지도 뻗는다.'고 세계를 향해 번성의 가지를 뻗고 있다. 오래전 〈밖에서 본 서울이야기〉 글을 쓰면서 서울은 천의 얼굴이요, 홀로서기에 좋은 땅이라고 묘사했다. 서울은 우울증을 앓게 만들 만큼 지방 사람을 이방인 취급하며 소외시켰던 곳이었기 때문이다. 녹록지 않은 서울에서 눈물 흘리며 어머니의 품으로 그만 풍덩 뛰어들고 싶던 날은 얼마나 많았던가.

국군의 날이면 여의도 광장 축하행사에 참석해야 학점을 땄던 청년기의 우리는 최인훈의 〈광장〉 소설을 읽고 그 어느 쪽도 택하지 않는 주인공 때문에 더 혼란스러워하고 갈등했다. 운동권에 가담했다가 쫓기는 학우들과 제적당하는 친구들이 더러 있어 정체성마저 흔들리는 수난에 캠퍼스라 해도 터놓고

모일 만한 곳은 많지 않았다. 데모하다 붙잡혀 어딘지 모르는 곳으로 끌려가면 옷부터 벗긴다는 소문에 여학생들은 붙잡히는 공포보다 수치감으로 먼저 몸을 사렸다. 서울 거리는 젊음으로 넘쳐나 보였지만 모두 울타리 안에 갇힌 병어리 장닭 신세였다. 어느 새벽 남산도서관 앞으로 서울시내 학생들이 모인다는 통보를 받고 남산을 오르다가 학장님이 길목을 지키고 있어 불발로 끝난 적도 있다. 대학생들에게 어설픈 거사를 꿈꾸게 했던 곳, 돈 없는 젊은이들에게 데이트 코스였던 남산이었다. 남산 도서관을 오르내리며 작가의 꿈을 꾸던 나는 지금 꿈대로 글을 쓰고 있지만 그곳의 동물원과 식물원도 철거된다고 한다.

사람들이 모이는 일을 민감하게 받아들이던 군사정권이 끝나면서 서울은 1980년대 후반까지 민주화를 요구하는 학생들로 물결을 이루었다. 당시 서울역 광장은 전국에서 모인 엄청난 학생들로 외신 기자들의 뉴스거리이기도 했다.

꿈이 유보된 것처럼 보이던 서울이었지만 88올림픽을 치르고 월드컵을 개최하면서 봇물터지듯 열린 서울, 역동적인 서울로 상황이 바뀌었다. 제일 먼저 시청 앞에 광장을 만들어 시민들을 결집시킨 것이다. 붉은 것에 대한 예찬을 금기했던 시대를 지나 붉은 악마가 중심이 된 길거리응원은 광장을 통해서 세계적 브랜드가 되었다. 자발적으로 쏟아져 나온 시민들의 합심하는 모습은 세계를 놀라게 했으니 광장을 만든 서울의 힘은 경탄할 만하다. 강북에서 십수 년 ,강남 쪽에서 십수 년을 살면서 이토록 지역, 이념, 세대를 뛰어넘은 채 어울리는 광경을 목격하기는 처음이었다. 한강고수부지, 여의도, 잠실벌 올림픽 공원 앞 평화의 문 광장, 상암동 경기장과 잠실 경기장, 대학로 등에 결집된 사람들은 전국으로 해일을 일으키며 축제를 즐기도록 했다. 나를 외로움에 빠트리고 가난뱅이로 만들었던 서울은 내 아이들에게 고향을 만들어주면서 다시 광장을 선물하였다. 그것도 투쟁의 장이 아닌 축제의 광장을 말이다.

복개된 청계천을 간다. 대통령 위해 만들었다는 전설이 내려오던 고가도로를 헐고 청계천으로 다시 태어난 곳에는 되살아난 물길과 함께 힘찬 물고기처럼 자유가 펄떡이고 있다. 입학시험 전날 고속버스를 타고 처음 내렸던 동대문 터미널은 강남과 강변으로 이전한 지 오래다.

방학이면 동대문 시장에서 아버지와 동생들 옷을 사고 집으로 돌아가는 설렘을 달래며 버스를 기다리던 곳, 개학 때는 밑반찬 보퉁이를 들고 고독한 방랑자의 심정으로 버스에서 내려 걸어가던 청계천이었다.

서울을 드나들 때마다 제법 적응하고 있는 나를 지켜본 터미널은 사라졌지만 스무 살의 나는 청계천을 따라 흘러 다닌다.

청계천은 사람들로 붐빈다. 지역을 초월하여 만남의 광장으로 물꼬를 터 시청으로 이어지는 광장은 그 옛날 나를 멀미나게 만들었던 불편함을 한방에 날려버리고 있다.

서울의 웬만한 곳에는 광장이 생겼다. 그곳에는 롤러브레이드를 타는 청소년들과 자전거 타는 아이들, 외로운 사람, 가난한 사람, 연인들, 누가 부르지 않아도 사람들이 모여들고 있다. 물이 깊은 곳에 고기가 모인다.

열린 광장은 사람들을 부르고 서울은 다시 태어나고 있다.

문학과 걷기

'낭만적 걷기'의 부활을 시도할 때가 돌아왔다. 태초부터 인간의 걷기는 걸어야 먹고 살아갈 수 있었기에 필수적이었다. 이에 반해 지금 우리 사회에 지금 불고 있는 걷기 열풍은 걷지 않아도 살 수 있는 현대사회를 향한 반작용의 언어다. 애완견까지 비만해지고 있는 시대, 건강을 위해 30분-40분씩 매일 걷기를 권유하는 의사들의 처방을 따라 도시 곳곳에서 걷기에 열중하고 있는 현대인의 자화상과 마주치곤 한다. 도시를 산책하는 이들의 목적은 건강을 지키기 위한 일념이 대부분이다. 과거 작가들이나 사상가들이 정신활동을 위해 규칙적이고 꾸준하게 걷기를 시도했던 것과는 약간 다른 성격을 띠고 있는 것이다. 우아하고 훌륭하게 걷는 법을 가르쳐 자신들의 우월성을 과시하고 확인해주었던 왕권이나 귀족들의 봉건 시대를 지나자 걷기는 필수적 특성을 잃어버리고 쇠퇴기에 접어들고 만다. 탈것이 발달하면서 걸어다니는 일보다 탈것에 의존하는 시간이 더 많아졌기에 걷기도 선택 사항으로 간주된 시대다.

걷기의 역사를 보면 걷는 일에도 계급사회가 존재하고 상류층과 예술가들 사이에 낭만의 의미가 부여되기도 했다. 탐험가들, 매춘부, 순례자가 걷는 것과 지식인과 상류층의 산책, 쇼핑을 위해 어슬렁거리며 걷는 부유층들, 먹고 살기 위해 걷지 않으면 살 수 없는 직업인들 등 오래전 인간의 걷기는 나름대로 생명력을 얻고 있었다.

초기 지속적이고 규칙적인 걷기를 시도하며 사색과 토론을 벌였던 집단은 산책학파라 불렸던 아리스토텔레스다.

18세기 후반 무렵부터 귀족들의 인기있는 취미로 걷기가 탄생했다. 낭만주의 사상가들은 걷기 예찬론자였고 도보여행을 문화적 유행으로 인기를 높인 데 한몫을 했다.

장자크 루소야말로 낭만적 걷기의 시작과 핵심을 잘 표현하여 유럽에서 낭만적 걷기의 아버지가 되었다. 티눈 때문에 발꿈치로 걸어야 했지만 평생 동안 일부러 걸어다녔던 루소는 ≪고백록≫에서 걷기를 통해 '학문과 예술론' 등 많은 업적을 이룩한 것을 인정하고 있다.

낭만적 걷기를 탄생시킨 작가는 프랑스 시인 샤를 보들레르다. 가장 전형적인 산책가의 정신을 가진 당대의 문필가들 중 한 사람으로 꼽힌다. 영국의 낭만주의 시인 윌리엄 워즈워드는 잉글랜드의 레이크 지역과 유럽을 도보여행하며 ─ 미학적 방랑이라고 불리기도 함 ─ 도보주의 시를 써서 미국의 휘트먼과 소로에게 영향을 주었다. 매일 네 시간씩 걸어 다니며 지적인 생산성을 높인 헨리 데이비드 소로의 도보 여행시들은 철학자의 담론보다 여행자의 담론이라는 평을 받는다. 소로는 유명한 수필인 '걷기(원제는 〈걷기와 황무지〉)'에서 걷기는 오로지 소수의 사람만이 이해할 수 있는 예술이라고 피력했다. 워즈워드는 일본의 시인 바쇼에까지 영향을 끼쳐 시적인 도보주의 전통의 기점이 되었다. 불면증과 몽유병으로 고생했던 찰스 디킨스는 런던을 서재 겸 작업실 삼아 엄청난 거리를 걸어 다니며 사람들을 관찰하고 글을 썼으니 만약 그가 걷지 않았다면 찰스 디킨스도 없었을 것 아닌가. 프랑스의 작가 발자크도 ≪걷기이론≫을 썼을 만큼 걷기에 몰두했다.

청년시절 사랑에 빠졌던 빅토르 위고는 돈이 없다는 이유로 결혼을 반대하는 아가씨의 부모를 만나기 위해 파리 서쪽으로 96킬로미터나 떨어진 드뢰 별장까지 사흘 동안 걸어가 아델의 부모를 만나 허락을 얻어내기도 했다. 돈은 없지만 걷기를 통해 성취를 한 인간 승리의 표본이다. 노벨상 후보에 오른 일본작가 무라카미 하루키는 언제나 글을 쓰기 위해 여행을 떠나 도시 곳곳을 걷고 달리며 감성의 순례여행을 멈추지 않는다. 노천명 시인도 경복궁 뒷담을 가끔 걸으며 사색에 잠기지 않았던가.

누구나 걸을 수 있지만 망가진 걷기를 할 수 없기에 낭만적 걷기의 유행을 꿈꾸며 어디쯤인가 걷고 말하고 사색하며 정신의 세계를 다질 수 있는 작가의 거리가 탄생되기를 기다린다.

---

* 조지프 A. 아마토 ≪끈기, 인간과 세상의 대화≫에서 자료 인용(작가 3번 출판)

■ 연보

권남희權南希 (Daumblog 권남희 수필문학관)

1955년 12월 18일 전북 전주에서 권영선(부) 김귀순(모) 사이에서 4남매의 장녀로 출생

1961년 3월 전주진북초등학교 입학

1967년 2월 전주진북초등학교 졸업

1967년 3월 전주여자중학교 입학

1970년 2월 전주여자중학교 졸업

1970년 3월 전주여자고등학교 입학

1973년 2월 전주여자고등학교 졸업

1973년 3월 수도여자사범대학 과학교육과 입학 (현 세종대학교)

1977년 2월 수도여자사범대학교 과학교육과 졸업 (중등교사 자격)

1986년 ≪월간문학≫ 〈아버지의 선인장〉 가작

1987년 ≪월간문학≫ 제52회 〈버리며 사는 나날〉로 등단

1991년 월간 ≪문예사조≫ 소설 등단

문학공부

* 한국철학회논술대학원수료(황필호 교수 지도)
* 조선작 소설가의 '소설반' 수강

* 기독교 방송국 드라마반 수강
* 김동리 소설가에게 소설작법 공부
* ≪현대문학≫ 소설 연구반(신동욱 연세대 교수) 1기 수료
* 황금찬시인, 조병화시인, 오세영교수, 성춘복 시인으로부터 시작법 공부
* 여성문예원(장금생 원장) 8기

문단활동

* 2006년 5월부터 2018년 3월까지 사단법인 한국수필가협회 편집주간 역임
* ≪대표에세이≫ 주간(2회), 회장(1997년)을 지낸 후 자문위원, 미래수필문학회 고문. 국제PEN클럽 회원, 한국문인협회 이사, 송파문인협회 자문위원.송파수필작가회 초대회장, 한국여성문학인회이사, '문학의 집, 서울', 가톨릭문학회, 한국수필가협회 이사, 송파여성문학인회 회장

경력

* 송파구청 정책연구단 홍보실장 역임(2008년-2009년)
* 대종교 재단 중학 국어교사 재직(1978년-1981년)
* 강남구 대치동에서 문학, 논술학원 운영(1996년부터 1997년)
* 송파문화원 청소년 논술 강의(1997년부터 2001년)
* 송파문화원 어머니 독서논술교실(1997년부터 2000년)

* 분당 YMCA 어머니 독서논술교실(1999년부터 2001년)
* 반포 잠원초등학교 방과후 논술교실(1999년부터 2001년)
* 독서논술사이트 119Study.com(주)공동창업(1999년)
* 송파문화원 수필교실(2000년 3월-2000년 11월)
* 성북여성회관 창의력 초등 글쓰기, 어머니 독서논술교실 강의(2001년-2004년)
* 마천동 자치센터 초등논술 지도(2001년-2003년)
* 광명 평생학습원 수필작법(2002년-2004년)
* 분당 중앙정보도서관 자녀지도를 위한 독서논술반 강의(2005년-2006년)
* 분당 중앙정보도서관 수필작법(2007년-2008년 7월)
* 한성디지털 대학 독서논술교육 방법론 강의(2005년-2006년)
* 고등부 입시논술 및 문학특기자 지도(1997년부터 2008년 2월까지)
* 분당홈플러스 금요수필 강의(2009년 9월-2012년 2월)
* MBC아카데미 관악수필(2012년 12월-2015년 5월)
* 서울시 초등교사 직무연수 강사(1995년부터 2010년)

현재 강의

* 롯데문화센터 잠실목요수필(2000년 6월 이후) 한국문협평생교육원월요수필(2015년 이후) MBC롯데강남수요수필(2011

년이후)

* 덕성여대 평생교육원 월요수필(2009년 가을학기부터)

문학상 제정

* 2008년 4월 후정문학상(상금 일백만 원) 제정하여 제1회 수상자 전수림 수필가 이후 시상해오고 있음.

* 2012년 리더스에세이문학회 결성 2013년 제1회 리더스에세이 문학상 시상, 박성숙 수필가(상금 일백만원) 이후 시상해오고 있음.

국제세미나 참가

* 1989년 1월 뉴욕 · 워싱턴 엘에이 · 하와이 2주(국제평화회의 주최)

* 1989년 러시아 · 동유럽 2주(펜클럽)—홈토피아와 충북일보에 연재

* 1990년 LA · 샌프란시스코 · 뉴욕 등 2주(한국문인협회 주최)

* 1992년 모스크바. 레닌그라드(톨스토이. 체호르의 집, 막심고리키 문학연구소) 2주(여성문예원)

* 2008년 5월 일본 오사카, 교토 고베 한국수필가협회 세미나

* 2009년 9월 18일—21일 (대만대학교 문학대학 초청세미나 참가—구양근 주 대만 한국대표부대사 주선)

* 2010년 10월 10일—17일(뉴욕 브로드웨이 포에츠덴 극장문

학행사/ 뉴욕 한국문화원수필세미나/ 워싱턴 문학탐방 참가)
* 2011년 11월 4일-9일 호주 시드니한인회관 심포지엄 및 문학행사 · 골드코스트 탐방
* 2012년 8월 24일-29일 한국수필가협회 第18회 우즈베키스탄(타슈켄트 · 부카라 · 사마르칸) 작가와의 교류 세미나
* 2013년 9월 6일-14일 터키(이스탄불 · 카파토키아 · 콘야 · 안탈야 · 셀축) 문학기행
* 2014년 11월 18일-22일 말레이시아 쿠알라룸프르(말레이시아한인여성회 · 쿠알라룸프르국제학교와 교류행사)
* 2015년 10월 24일-11월 3일 이태리 심포지엄 및 문학기행 (밀라노 · 베니스 · 로마 · 피사 · 나폴리 · 피사 등).
* 2016년 6월 5일-14일 포르투갈 · 스페인기행 등 해외 행사 25차 참여.

개인 수필집

* ≪미시족≫문학관 1994년
* 송파구청 창작지원 ≪어머니의 남자≫ (송파문화)-2007년 11월 세종문화회관 출판기념행사
* ≪시간의 방. 혼자 남다≫ 제22회 한국수필문학상 수상(을지로 프레지던트 호텔 시상식)
* ≪그대 삶의 붉은 포도밭≫ 2008년 6월 교보문고 잠실점 사인행사

* ≪육감 &하이테크≫ 2011년 10월 27일 (목) 교보문고 강남점 사인행사
  ≪육감 &하이테크≫ 2011년 11월 25일 (금) 교보문고 분당점 사인행사
* ≪목마른 도시≫ 2016년 3월 정은문화사
* ≪권남희 제1수필선집≫ 시선사 2013년
* 수필과비평사 100인 수필선집 2018년
* ≪그래도 다시 쓴다≫ 코드미디어 2018년 5월
* 계간 ≪리더스에세이≫(Essay, Leading by Reading) 창간 2015. 겨울호(cafe.daum.net//Essay, leading by Reading)
* ≪실전논술쓰기33가지≫≪창의력글쓰기를위한 BRAINSTORMING 그림 자료집 6권≫
* 공동 수필집-≪사랑이 꽃보다아름다운 이유≫, ≪그대 그곳에 있기에≫, ≪나루터 사람들≫, ≪아주 특별한 만남≫ ≪고백≫ 등 다수

수상

* 수도여자사범대학 주최 문학상 소설 입상(1975년)
* 22회 한국수필문학상 수상(2004년 1월)
* 새천년 문학상(2006년)
* 제 8회 한국문협 작가상(2011년 12월)

수필심포지엄 주제발표 및 문학특강

* 〈지역사회 문화의 활성화 방안에 대해〉 (1996년 송파문인협회)
* 〈수필의 논리성에 대해〉 1998년 대표에세이 목포세미나
* 교원대학교 특강 (교양인의 정체성) 1987년
* 〈수필의 문학성과 윤리성에 대해〉 2007년 한국수필가협회 포항세미나
* 〈수필의 현실성에 대해〉 2007년 대표에세이 문경세미나
* 정읍여고 문학특강 2012년 6월
* 청주푸른솔 문학회 특강 2012년 7월
* 〈감각을 잃지 않는 즉흥적 글쓰기〉 2014년 6월 6일 대표에세이공주세미나
* 〈감각적 글쓰기〉 청주 푸른솔 문학회 ·2014년 7월 10일 (목) 청주문화예술회관
* 글쓰기가 모든 공부와 인성에 미치는 영향－2014년 11월 19일 말레이시아 쿠알라룸프르 국제학교
* 글쓰기와 자녀교육 싱가포르 여성회초청 2018년

전시

* 2011년 7월 한 달 8인의 소장전 햇빛나들이(윤재천, 지연희, 권남희 외) 문학의 집 서울
* 2014년 12월 17일-2015년 1월 (사단법인 한국수필가협회 편집 999전시 · 2006년부터 2014년 한국수필 편집주간을 하면서 모아둔 육필원고와 편집자료 등 30여 점의 액자와 걸개판넬로 전시함) 2015년 2월 이후 현대문학관(장충동) 1년간 전시
* 아홉수필가의 개성엿보기 전시(2015년 3월 한 달 정목일, 지연희, 권남희, 서원순, 전수림, 이춘자, 윤중일, 송복련, 현옥희) 문학의 집 서울
* 2016년 2월-3월 여덟 문인의 작은 기쁨 전시(지연희, 이명재, 권남희, 홍금자, 서정란, 한복선, 김태식, 박원명화) 문학의 집 · 서울
* 2017년 10월 작가의 소장전(문학의집)

문인극

* 2007년 8월 3회 공연 위대한 실종(박정기 연출 · 출연 지연희, 김유선, 성찬경, 권남희, 김용만 외)
* 2015년 8월 28일-29일 광복 70주년 기념 문인극 하꼬대마을 사람들 3회 공연(김후란 기획 · 전옥주 작 · 임선빈 연출 · 송영학 배우 주연 · 백시종, 최금녀, 안영, 한분순, 권남희, 엄기원, 윤효, 홍성훈, 서정란, 김숙희 출연)

현대수필가 100인선 ❷ · 32
권남희 수필선집
어머니의 등불

초판인쇄 | 2018년 6월 15일
초판발행 | 2018년 6월 20일

지은이 | 권 남 희
펴낸이 | 서 정 환
펴낸곳 | 수필과비평사 · 좋은수필사

주 소 | 서울시 종로구 삼일대로 32길 36.
운현신화타워 빌딩 3층 305호
전 화 | 02)3675-5635, 063)275-4000
등 록 | 1984년 8월 17일 종로 라00426호
홈페이지 | http://www.shinapub.com
e-mail | essay321@hanmail.net

값 8,000원

ISBN 979-11-5933-163-3 04810
ISBN 979-11-85796-15-4 (세트) 04810

이 도서의 국립중앙도서관 출판시도서목록(CIP)은 서지정보유통지원시스템 홈페이지(http://seoji.nl.go.kr)와 국가자료공동목록시스템(http://www.nl.go.kr/kolisnet)에서 이용하실 수 있습니다.(CIP제어번호:CIP2018019153)